# DOCUMENTS RELATIFS

au

# Collège de Saintes

Publiés par F. XAMBEU

## LA BIBLIOTHÈQUE DU COLLÈGE DES JÉSUITES

4ᵉ FASCICULE

SAINTES
Prévost, successeur de A. Trepreau, Libraire-Éditeur,
Grande-Rue Victor Hugo, 51
1895

# DOCUMENTS RELATIFS

au

# Collège de Saintes

Publiés par F. Xambeu

## LA BIBLIOTHÈQUE DU COLLÈGE DES JÉSUITES

### 4º FASCICULE

SAINTES

Prévost, successeur de A. Trepreau, Libraire-Editeur,

Grande-Rue Victor Hugo, 51

1895

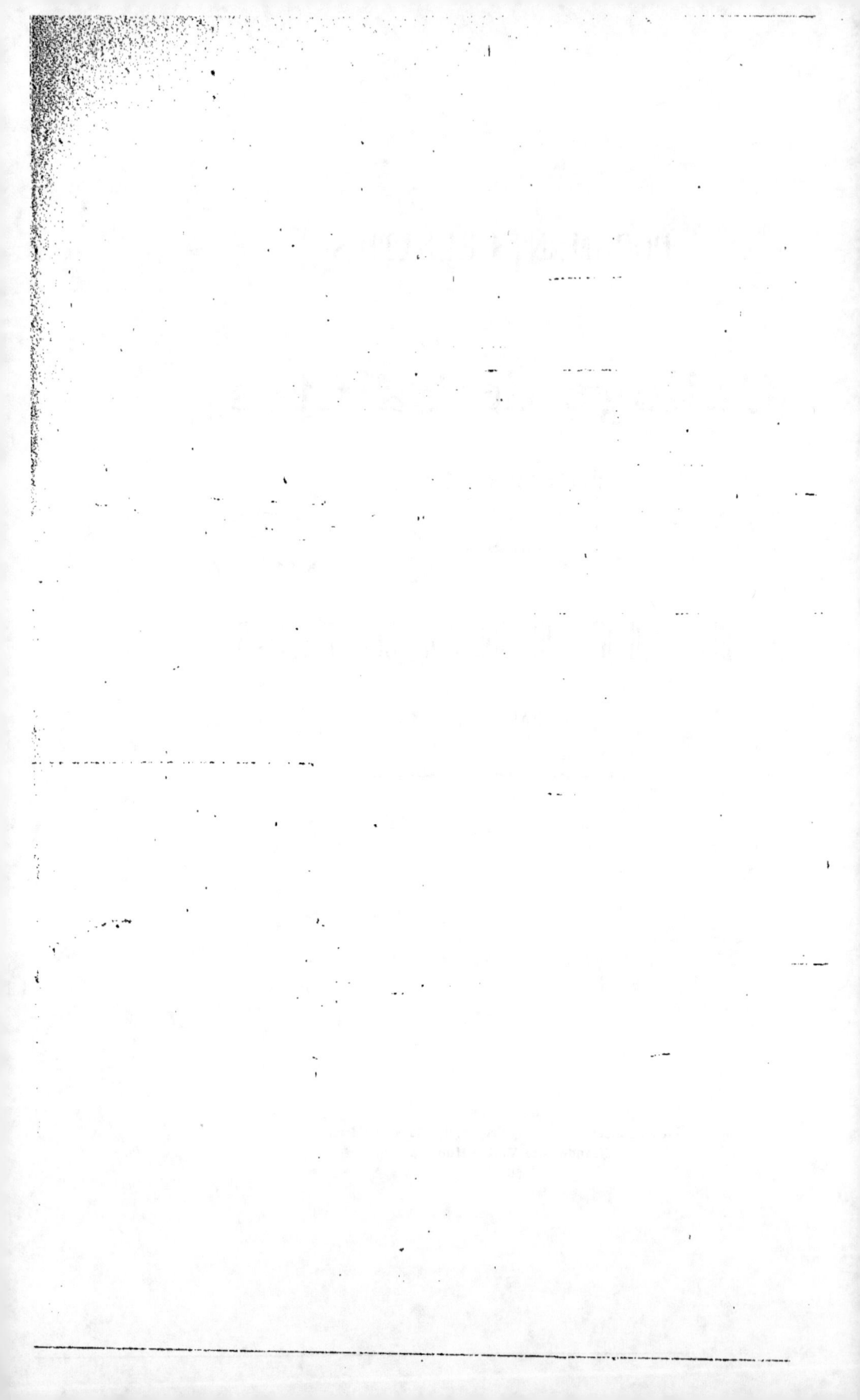

# DOCUMENTS

## RELATIFS AU COLLÈGE DE SAINTES

### La bibliothèque du Collège des Jésuites de Saintes en 1762

Connaître la valeur d'un homme d'après la liste des livres de sa bibliothèque est chose possible, car cette liste nous indique toujours par un côté quelconque les goûts et l'aptitude de celui qui possède les ouvrages qui y sont mentionnés.

Consulter les acquisitions faites par un bibliothécaire de province, c'est distinguer immédiatement les tendances de ses études et de ses travaux, c'est le coter pour la part qu'il fait au public ou à sa personne.

L'on a publié naguère les catalogues de la bibliothèque d'un grand seigneur [1], d'un littérateur, d'un philosophe [2]; l'on a donné la liste des ouvrages qui doivent former la bibliothèque d'un homme de goût; l'on imprime couramment le catalogue des bibliothèques à vendre; fallait-il croire que la publication du catalogue d'une bibliothèque de collège (du collège dirigé par les Jésuites à Saintes de 1611 à 1762) serait de quelque utilité par les noms d'auteurs inconnus, d'imprimeurs oubliés, de livres ignorés ?

Cette nomenclature de livres établie par un inventaire fait en 1762, avec de nombreuses fautes de rédaction et de lecture dans le manuscrit serait sans doute longue et laborieuse, pour ne pas dire souvent monotone et peu intéressante; mais il était permis de citer simplement les noms des auteurs et des imprimeurs avec quelques notes sur ceux qui étaient de la région ou qui avaient habité la région; il était au moins nécessaire de prendre les titres des livres qui intéressaient la contrée; il était surtout important, puisqu'il s'agissait d'un collège, de se rendre compte de la méthode d'éduca-

---

1 La bibliothèque d'un grand seigneur sous Louis XIV par M. Ch. Sauzé. Intermédiaire de l'Ouest page 131.

2 La bibliothèque d'un littérateur, d'un philosophe chrétien. Besançon. Petit. 1820.

tion suivie et de la tournure générale de l'esprit qui dominait l'enseignement qui y était donné.

En consultant les pièces conservées aux archives départementales de la Charente-Inférieure (D. 4 et 5) [1], l'on reconnaît facilement que le Collège de Saintes, tenu par les Jésuites de 1611 à 1762, fut un petit collège, bien inférieur au collège actuel, semblable aux trop nombreux collèges communaux et autres qui existent encore aujourd'hui dans un grand nombre de chefs-lieux de canton et d'arrondissement.

Ce collège ne recevait d'abord que des externes ; il faut croire que les parents des élèves venus de la campagne mettaient leurs fils en pension chez les habitans ou dans des maisons particulières annexes au collège.

L'enseignement y était donné dans cinq classes dites cinquième, quatrième, troisième, seconde et rhétorique ; les cours de philosophie et de sciences n'y furent réellement établis qu'en 1733 ; bien avant cette époque, l'existence au couvent des Jacobins de Saintes de cours de philosophie et de théologie est attestée par plusieurs faits. Les Archives du Vatican contiennent plusieurs lettres de Clément VII d'Avignon décernant le titre de docteur à Pierre Martel qui avait enseigné à Orléans, à Angers, à La Rochelle et à Saintes ; à Jean Gay, fils du couvent de Saintes, qui y avait également enseigné et qui fut le 9 juillet 1394 institué maître du Sacré Palais, c'est-à-dire théologien du Pape ; à Thomas de Guenouville qui avait enseigné à Rouen, à Liège, à La Rochelle et à Saintes [2].

Entrons dans la classe de Rhétorique telle qu'elle est décrite dans l'inventaire des 2-9 juin 1762 : « une chaise en paille pour le Régent, un fauteuil de bois blanc foncé et en paille et sept bancs aussi de bois blanc. » Le poteau (*ad palum*), la poutre qui soutient le plafond au milieu de la classe, n'est pas indiquée ; ce poteau n'était pas nécessaire, étant donnée la construction en voûte des salles de classes du collège de Saintes ; est-il remplacé ici par le fauteuil de

---

1 Archives départementales de la Charente-Inférieure D. pièces nos 4, 5, 43 et 44.
2 Notes communiquées à M. M. Martineau par le R. P. Chapotin des Frères prêcheurs.

bois blanc où se tenait le Recteur du collège, lorsqu'il venait lire les notes de la semaine ou assister aux exercices de mémoire et de récitation ?

Ces exercices étaient importants dans les collèges des Jésuites. « Ceux qui siègent à droite du professeur sont les *Romains* ; à « gauche sont les *Carthaginois* ; les élèves du fond sont les *alliés*, « ou même, si leurs devoirs ont été trop mauvais, de simples « *tributaires*. »

Les uns font réciter les leçons aux autres ; souvent l'un d'eux adossé au poteau provoque ses camarades sur les leçons de toute la semaine.

Quelle gloire pour les Romains de voir le samedi suspendre à droite de la classe une pancarte portant ces mots : *Romani victores* ! Pendant les huit jours qui vont suivre, toutes les exemptions de retenues, de copie.... *de fouet même* seront pour les Romains [1].

La récitation est finie ; grammaire de Despautère annotée et augmentée par Gaudin, et c'est avec raison que l'on continue dans toutes les classes l'explication des règles grammaticales ; rhétorique du cahier dicté par le Régent ; vingt lignes de l'auteur latin, traduit à la classe précédente ; jardin des Racines Grecques, un dizain ; quelques lignes d'un auteur grec lorsque le professeur sait le grec ; cinq leçons à apprendre, à réciter ; tout cela a pris une heure.

La correction des devoirs commence ; pièce de vers latins ; dissertation latine, discours latin. Le latin est la base et le couronnement de l'enseignement. Reproduire dans un discours des tournures de Cicéron, des phrases des *Conciones* ; inscrire dans une pièce de vers latins des fragments de vers de Virgile et de Lucain, c'est le triomphe.

Et cela a duré longtemps ; nous l'avons bien vu il y a quelques années au sujet des dictionnaires spéciaux préparés pour les candidats au baccalauréat qui avaient à faire une composition en latin [2].

La composition française est inconnue ; l'histoire est négligée ; le grec lui-même n'a été lu que plus tard.

---

1 Discours de M. Merle, 3 août 1880.
2 Ces dictionnaires ne contenaient que les mots importants de la langue latine avec de longs commentaires et de nombreuses citations ; ils permettaient au candidat de copier des phrases entières d'auteurs latins ayant plus ou moins de rapport avec le texte de la dissertation ou du discours donné.

« En pillotant la science, dit Montaigne, et ne la logeant qu'au
« bout des lèvres pour la dégorger seulement et mettre au vent, on
« a la mémoire pleine, mais l'entendement et la conscience sont
« vuides. »

Un devoir a satisfait le professeur, l'élève obtient la plus enviée
des récompenses, « *il sera de la tragédie* ». Le professeur content
quitte la classe.

Après un quart d'heure de récréation, les élèves se rendent à la
salle d'étude.

Entrons avec le Régent Laborie dans sa chambre, telle qu'elle
est décrite dans l'inventaire des 2-9 juin 1762, chambre où vont être
mis les scellés et que Laborie ne verra plus.

« Une couchette composée de deux trétaux, quatre planches, une
paillasse, un matelas, un traversin de plume de coutil rayé, deux
linceuls de chanvre, une couverture de laine blanche, deux rideaux
de cadis vert, une courte-pointe de couleur rouge.

« Un prie-Dieu de mauvais bois avec une petite porte sans serrure
ni clef, au-dessus duquel il y a une garniture de cadis vert...

« Un bureau ayant deux portes et trois tiroirs au bas, le tout de
bois blanc et contenant les livres dont les titres sont :

« Théologie ; — Bible en latin ; — Apologie de la Sainte Vierge.

« Térence en latin, tome Ier, traduction ; — Horace, commentaires sur Horace par Chabot ; — Virgile, traduction ; — Cicéron,
Oraisons choisies, œuvres ; — Juvenal, Satires ; — Panégyrique de
Trajan ; — Oraisons et interprétations du P. Jouvency ; — Dictionnaires en latin du P. Joubert, du P. Danet ; — Dialogues des morts.

« Rhétorique française ; — Sur l'éloquence par Lebrun ; — Les
letttres de M. l'abbé Leblanc, trois tomes in-12 ; — Les œuvres de
Solet, t. 1 in-12 ; Sermons de Massillon, t. 4e ; — Les sermons de
Parquaud, t. 3e ; Sermons de Bourdaloue t. 1er ; — Œuvres de
Boileau, t. 3e ; — Sermons de Giroux Lebrun ; — Recueil de pièces
choisies ; — Œuvres de Rapin ; — Œuvres de Gresset ; — Ouvrages
de Voltaire ; — Œuvres de Lachapelle t. 2e ; — Dictionnaire des
Synonymes ; — Histoire de l'Académie française, 2 tomes ; —
Histoire des découvertes et conquêtes du Paraguay, 4 tomes ; —
Grammaire espagnole [1].

---

1 Laborie était né à Perpignan (Roussillon).

« *Tous ces livres appartiennent à la bibliothèque de la maison.*

« Une table en bois blanc ; deux fauteuils, six chaises, un placard à quatre étages avec un rideau de cadis vert, un petit pupitre ; un cadre en bois, un baromètre, un rideau de gros coton blanc pour la croisée. »

Si de cette classe et de cette chambre, nous passons aux classes et chambres de chaque Régent, nous trouvons un même mobilier, un même dispositif. Les livres de la bibliothèque seuls changent.

J'ai voulu suivre aussi, dans l'inventaire, les commissaires enquêteurs dans la chambre du R. P. professeur de philosophie et de sciences : l'ameublement est le même et la bibliothèque scientifique consiste dans les ouvrages suivants :

Éléments de mathématiques par le P. Régnault ; — Éléments de géométrie par le P. Lamy ; — Physique par le P. Régnault ; — Recherches sur les causes des phénomènes électriques par l'abbé Nollet ; — Essais sur l'électricité des corps par l'abbé Nollet ; — Livre des merveilles de la nature ; — Histoire du Ciel ; Œuvres du P. Yves Vallois, à l'usage des gens de mer.... etc.

Dans l'*Histoire du Collège de Saintes*, page 26, j'avais écrit : l'enseignement scientifique était négligé. Assurément les Jésuites ne pouvaient pas enseigner ce qui n'était pas découvert et ce qu'ils ne savaient pas.

Le catalogue de la Bibliothèque, car il faut toujours revenir à ce catalogue, montre bien qu'ils commentaient Descartes, mort depuis 1650 ; Pascal, mort depuis 1662. Newton avait écrit son Arithmétique universelle, et Voltaire, le second des vulgarisateurs scientifiques, après Bernard Palissy, avait expliqué en bon français les théories du grand mathématicien anglais.

La lecture des « *Institutiones philosophicæ*, de G. Sabatié est intéressante et nous indique bien la somme des connaissances scientifiques enseignées en 1724.

Le P. A. H. Paulian avait publié en 1760 un *Dictionnaire de physique portatif*, dans lequel sont exposées les découvertes les plus intéressantes de Newton et les notions géométriques nécessaires à ceux qui veulent se former une idée de la *Physique moderne*. Il y aura donc toujours une Physique ancienne et les élèves de 1860 et ceux des siècles suivants ont eu à étudier et auront à apprendre une Physique moderne ; c'est là le progrès, le progrès scientifique, le progrès industriel qui en dérive et qui transforme tout. La science ne s'arrête pas ; elle n'a pas la prétention de tout expliquer, mais elle ne fera jamais banqueroute à ses principes, c'est-à-dire à des expériences bien établies et bien conduites.

Dans les Collèges de Jésuites, les seuls ouvrages admis étaient écrits par des Jésuites et même approuvés par la Congrégation. Les professeurs de Philosophie savaient se tenir au courant et ils dictaient leurs cours toujours en latin. Les élèves mettaient un soin spécial à la rédaction des devoirs corrigés et annotés par le maître. Les cahiers qui restent de cette époque et, je ne veux citer que celui dicté par le R. P. Delesvaux et écrit par son élève Michel. Robert en 1748, portent des thèses sur la sphère et la cosmographie ; des notions générales sur les corps et sur la pneumatique ; des expériences élémentaires sur la chaleur, l'optique et aussi sur le magnétisme et l'électricité statique. On ne savait pas davantage à cette époque.

**Le fouet.** Je n'en ai trouvé nulle trace dans l'inventaire, mais il existait en bois et en lanières.

Ce n'était pas un fouet de parade et Montaigne l'avait vu : le fouetteur était le supérieur lui-même. Taine l'a aussi vu de nos jours en Angleterre : « Chose étrange, dit-il, le fouet n'est pas impopulaire chez les Anglais ; il y a cinquante ans, les élèves, à la nouvelle qu'on allait remplacer le fouet par une amende, se révoltèrent aux cris de « Vive le fouet ! A bas l'amende ! » Et le fouet fut réintégré. Je connais des gens qui prétendent que le fouet et la férule font plus d'effet chez certains élèves que le pensum et la retenue, plus d'effet que l'aménité et la persuasion.

**La tragédie.** Le catalogue de la bibliothèque porte aux feuilles 18, 55, 56, 57, 60. *Comediæ ; — Tragediæ sacræ Caussini.* Paris 1620 ; — *Tragediæ Alexandri Donati S. J.* 1634 ; — Traité de la comédie et des spectacles selon la tradition de l'Eglise, 1667 ; — Nicomède, tragédie sans nom d'auteur et sans titre... (Voir les livres prohibés).

On jouait la comédie au collège de Saintes.

Il sera de la comédie, il sera de la tragédie, avait dit à son élève le professeur de Rhétorique, qui écrivait sans doute plus facilement les vers que la prose.

J'ai entendu dire qu'en une année récente où le professeur désigné pour faire le discours à la distribution des prix fut empêché, le professeur de Rhétorique dut le remplacer et ce professeur affirmait, sans prétention, que n'ayant pas le temps d'écrire son discours en prose, il le dirait en vers et c'est ce qui arriva [1].

Les Pères Porée, Sanadon, Brumoy... Le Jay, P. Ménestrier... composaient pour les distributions des prix des tragédies en latin et même en français. On jouait ces pièces en grand apparat, en présence des autorités ecclésiastiques, militaires, municipales [2].

« Elles sont bien curieuses, a écrit Léo Claretie, les pièces du répertoire collégiaque » : Le Martyre d'Agapitus ; la défaite du Solécisme ; le Damoclès ; le Philedonus ; l'Amour logicien ; « Jonathas ou le triomphe de l'Amitié ; le Couronnement du jeune David ; la Boëte de Pandore ou la curiosité punie ; » l'Acaste de l'Ecole des Pères ; l'Art militaire ; Joseph vendu ; les Incommodités de la Grandeur ; les Cousins ; le Ballet de l'Ambition où Mahomet exécute un entrechat, où se montrent Caracalla, Sylla, Alexandre, un tyran de l'Inde, César, Bajazet... tous les genres y sont, y compris le genre ennuyeux. »

« Ce bon Rollin, ajoute encore Claretie, que les comédies du Collège le tracassaient ! Avec quelle conviction candide il classe et numérote ses griefs contre « ce cabotinage », cette coutume perverse. Le fardeau qu'on impose au Régent de composer des pièces, la

---

[1] Voici un fragment de ce discours :

Nul n'est grand aujourd'hui que par ce qu'il sait être,
Ce n'est plus en nos temps qu'un homme est haut placé,
Qu'il voit courbé sous lui, tout un peuple empressé,
Pour ne s'être donné que la peine de naître.

et plus loin :

Je vois Midas ; il a des écus et beaucoup
On l'admire, on l'honore du moins en apparence ;
On vante son esprit, on vante son silence,
Quand on croit qu'il écoute, on loue avec fracas
Ses parchemins... tout neufs, son frais titre de comte,
Son argent qu'on emprunte et qu'on ne lui rend pas.
Il est si généreux... ses chevaux que l'on monte,
Sa cave dont chacun sable à longs traits les vins
Et tandis que Midas triomphe et se pavane,
Derrière, ses flatteurs raillent ses airs faquins :
Et vous crient plus fort encore que les malins :
Midas, le roi Midas a des oreilles d'âne...

[2] Voir Pierron, Voltaire et ses maîtres.

médiocrité souvent dévolue à ces productions ; la fatigue d'exercer à la déclamation huit ou dix écoliers ; le temps perdu pour les études ; les habitudes d'emphase ampoulée contractées par les élèves... » Rollin ne tarit pas.

Le P. Porée, l'un des apôtres de la dramaturgie scolaire, défend cette manie en disant : « Il faut habituer à jouer un rôle sur la scène des jeunes gens destinés à jouer plus tard un rôle dans le monde. »

Je n'insiste pas et je demande bien pardon au lecteur d'avoir écrit et copié toutes ces choses en dehors du sujet, mais c'est la faute au catalogue dans ses feuilles 55, 56, 57.

**Les thèses.** Il n'existe dans le catalogue aucun exemplaire de thèses présentées par les professeurs et les élèves. Le 16 juillet 1666, nous l'avons déjà rappelé, Monsieur le Mayre de Saintes regrette que l'enseignement philosophique ne soit pas organisé au Collège : [1] un premier cours fut créé trente ans après en 1695, un second en 1752 et le 12 août 1756 eut lieu à l'Hôtel-de-Ville une soutenance de thèse par les élèves du professeur Hersant......

Les autres thèses citées appartiennent à des élèves venus après le départ des Jésuites.

————

Lorsque que je publiai l'histoire du Collège de Saintes, l'on me félicita de n'avoir pas donné de détails étrangers au sujet, de n'avoir pas voulu redire avec tant d'autres des considérations générales sur l'enseignement et l'éducation, considérations que l'on trouve partout ; l'on me complimenta de n'avoir pas énuméré les origines et attaches (généalogie, pères, oncles, tantes, cousins et cousines) de ceux qui étaient cités dans le livre. Ce fut là ma meilleure récompense.

Mais revenons au catalogue de la Bibliothèque du Collège de Saintes :

L'an mil sept cent soixante-deux et le vingt-quatre novembre sur les neuf heures du matin, Nous Emmanuel Cajetan *Leberton de Bonnemie*, chevalier conseiller du Roy, Lieutenant général en la

————

1 Il est probable que ce maire de Saintes avait un fils ou un neveu qui devait entrer en philosophie. N'avons-nous pas vu dans certains collèges communaux de nouvelles chaires créées à cause de l'intérêt que pouvaient en tirer des conseillers municipaux ou des personnages importants de la commune ?

Sénéchaussée de la Saintonge au siège présidial de Saintes et Jean Léonard-Théodore *Robert de Rochecouste*, assesseur audit siège, Commissaires députés pour l'exécution de l'arrêt de la Cour du Parlement de Bordeaux du 26 mai dernier, Nous sommes transportés avec M. Jean-Baptiste *Louis de Beaune*, conseiller du Roy et son procureur audit siège, agissant pour M. le Procureur général en la dite cour, dans la maison et collège ci-devant tenus par les soi disans Jésuites de la présente ville et actuellement occupée par les Bénédictins de la Congrégation de Saint Maur, où étant, au devant de la porte de la Bibliothèque *Dom Ambroise d'Arcis*, prieur des dits Bénédictins présent et écrivant sous nous *Pierre Barbot*, procureur audit siège greffier par nous pris d'office, dont nous avons pris et reçu le serment, la main levée au cas requis moyennant lequel il a promis d'exactement écrire ce que nous lui dicterons, nous avons vérifié les scellés apposés sur la serrure de la dite porte, lesquels reconnus sains et entiers, en conséquence levés, nous avons déchargé le dit Dom d'Arcis que nous en avions établi gardien lors de la mise en possession au nom de sa Congrégation ; ensuite ouverture faite de la dite porte et les scellés des croisées pareillement vérifiés, aussi reconnus sains et entiers, nous sommes mis à même de procéder à l'inventaire des livres y contenus par ordre de tablettes, ainsi que suit : [1]

## Divisions du Catalogue

1º *Historici sacri*, 167 ouvrages. — Bibles. — Missels. — Annales ecclésiastiques. — Histoire des papes. — Histoires ecclésiastiques. — Vie de martyrs. — Vie des saints. — Privilèges. — Constitution de la société de Jésus. — Institutions. — Instructions. — Règles.

2º *Historici profani*, 143 ouvrages. — Auteurs latins. — Auteurs grecs. — Théâtres. — Histoires. — Vie des hommes illustres.

3º *Humanistæ*, 320 ouvrages. — Auteurs latins et grecs. — Auteurs français. — Dictionnaires. — Grammaires. — Classiques.

4º *Oratores*, 76 ouvrages. — Auteurs latins, grecs, français. — Rhétorique.

5º *Controversiæ*, 220 ouvrages. — Institutions catholiques. —

[1] J'ai dit plus haut qu'il me paraissait inutile d'écrire la liste de tous les livres inscrits et que je ne retiendrai, sauf erreur ou omission, que les noms des imprimeurs qui étaient de la région ou qui avaient habité la région.

Dialogues. — Traités. — Défenses. — Réponses. — Déclarations et réfutations.

6° *Concionatores*, 180 ouvrages. — Homélies. — Sermons. — Panégyriques. — Harangues. — Conciones. ·

7° *Spirituales*, 370 ouvrages. — Catéchismes. — Symboles. — Méditations théologiques. — Sentences. — De la perfection. — Œuvres spirituelles. — Entretiens. — Traités. — Guides. — Contemplations. — Commentaires sur la Bible. — Remarques sur les évangiles. — Exercices.

8° *Theologii et Casuistæ*, 157 ouvrages.— Ouvrages de théologie. — Démonstrations. — Hérésies. — Examens, — Doctrines. — Dogmes. — Cas de conscience.

9° *Patres et Concilia*, 146 ouvrages. — Décrets. — Œuvres des Pères de l'Eglise. — Doctrines. — Bulles. — Histoire des Conciles. — Lettres pastorales. — Jubilés.

10° *Jurisconsulti*, 73 ouvrages. — Ambassades et négociations. — Commentaires sur les ordonnances. — Pratiques de la juridiction ecclésiastique. — Pratiques judiciaires. — Police ecclésiastique. — Règlements. — Recueil des édits, déclarations, arrêts. — Ordonnances, Procès civils, criminels. — Plaidoyers. — Usances. — Traités.

11° *Philosophi*, 84 ouvrages. — Auteurs philosophiques. — Cours de philosophie, de métaphysique. — Réfutations. — Quelques livres sur les sciences, l'astronomie.

12. *Poetæ*, 173 ouvrages. — Poètes latins, grecs, français.

13. *Libri prohibiti*, 402 ouvrages. — Bibles des protestants. — Auteurs protestants et mémoires publiés. — Controverses. Quelques poètes; ouvrages philosophiques. — Quelques mandements, adresses... Total 2610 ouvrages.

Citons parmi les derniers (*libri prohibiti*).

Feuille 58. — La Sainte Bible traduite par le Maistre de Sacy; Paris, G. Desprez 1731 ; la Sainte Bible avec psaumes par Clément Marot et Th. de Bèze, Genève 1644 ; de l'institution de l'Eucharistie par Philippe Mornay, seigneur du Plessis. Saumur Thomas Portau 1604; commentaires de Jean Calvin sur les psaumes et prophètes ; nouveautés du papisme opposé au vrai christianisme par P. Dumoulin. Genève 1627; les œuvres de sainte Thérèze de M. Arnault Dandilly; lettres chrétiennes et spirituelles de M. Jean Laverger de Hauranne.

59. — Les vrais portraits des hommes illustres en piété et doctrine. Genève 1581 ; les œuvres de Philon, juif. Paris 1588 ; recueil des plus beaux vers de Malherbe, Racan, Maynard, Bois Robert ; de la démonomanie des sorciers, par J. Bodin angevin 1582 ; la pratique de piété, par M. Louis Bayle, à Niort 1648 ; traité théologique et moral, par le R. P. Ces, fran. de Harancourt. J. ; les œuvres de M. de Balzac. Paris 1644 ; la guerre ministrale par Etienne Moquet. J. Poitiers 1619 ; solutions aux 32 demandes proposées par le P. Cotton ; solutions par Pierre Dumoulin ; apologie des églises réformées, par Jean Daillé. 1641 ; le diable boiteux 1707.

60. — Calendrier ou almanach historial. Genève 1570 ; Satyre Ménippée ; les œuvres de Théophile sans titre.

61. — Les journées amusantes dédiées au roi ; les œuvres d'Ovide, de Corneille ; les provinciales.

62. — Théologie de Saint Augustin. Les confessions.

63. — Catéchisme ou doctrine chrétienne imprimée par ordre de Messeigneurs les évêques d'Angers, de La Rochelle et de Luçon et réimprimée par ordre de M. de Verthamon. Paris 1756.... etc.

————

Citons les ouvrages scientifiques inscrits au catalogue.

Feuille 10. — Histoire du monde de Pline. Paris 1608 ; le grand atlas ; l'harmonie du monde. Paris 1578.

11. — Vergetii de re militari. 1607.

11-59. — De la démonomanie des sorciers, par Jean Bodin. Paris 1582 Lyon. 1592.

12. Le journal des savants. 1655 et 1667. Amsterdam.

14. -- Essai des merveilles de nature et des plus nobles artifices, Rouen 1621 ; le théâtre de l'agriculture, par Olivier de Serres, Genève 1611.

17. — L'école des médecins de Salerne. Rouen 1660 Cl. Malaisses.

15. — L'arithmétique de Jacques Pelletier de Mans. Genève 1622.

16. La géographie royale, par P. Labbe. 1652 Paris. M. Hénault.

18. — De Vanitate scientiarum, opera Henrici Cornelii 1534.

19. — De mysteriis Egyptiorum, Caldeorum, Assyriorum. Jamblicus. Lyon 1570.

22. — Journal des Trevoux ; Principes de l'art militaire, par de Brillon. Lyon 1612.

33. — L'instruction des officiers et gens de guerre, par Y. Valois. La Rochelle 1747.

53. — De rebus naturalibus, opus Zabarellæ. Coloniæ 1690; Christo. Clavii Operum mathematicorum. 1611; Commentaria P. Fonsecæ. Ludg. 1587; le médecin et chirurgien des pauvres. Paris 1728; Arbor physicæ. Œuvres des Jacques de Billy, mathématicien.

54. — Fernelius, de arte medendi. — Universa medicina. 1627; examen du livre des récréations mathématiques. Paris 1630; récréations mathématiques. Rouen 1629; les six premiers livres des éléments d'Euclide. Paris 1630; Traité d'horlogéographie. Paris 1638; arithmeticæ practicæ methodus. Parisis 1663; J. Cociliy Frey, opuscula medici. Parisiis 1646; recueil des différents remèdes d'Helvétius. Sur les maladies vénériennes, par P. Desault, 1733; Problèmes plaisants et délectables qui se font par les nombres, par Bachet. Lyon 1624. — Hipocratis opera.

55. — Livre des secrets. — Carmen de educandis avibus a Joanne Roze. Paris 1701.

Que sont devenus tous ces ouvrages, — tous ceux du catalogue?

Ils restèrent à la bibliothèque du Collège jusqu'à la Révolution, plus tard ils furent joints à la bibliothèque de l'école Centrale qui reçut encore les livres des bibliothèques particulières des autres communautés religieuses du département.

Muraire Raynaud, bibliothécaire de l'école centrale, avait établi le catalogue en l'an VIII de la République.

La bibliothèque de l'école centrale devint plus tard bibliothèque de la ville de Saintes; nous n'avons pas à raconter ici l'histoire et les malheurs de cette bibliothèque.

L'incendie du 11 novembre 1871 détruisit un grand nombre d'ouvrages et de précieux manuscrits.

En consultant le catalogue alphabétique (il n'y a que celui-là) de la bibliothèque actuelle de la ville de Saintes, nous retrouvons les titres de quelques-uns des volumes de l'inventaire de 1762.

L'extrait qui suit ne comprend que ce qui intéresse la région [1].

1 Les nombres qui sont inscrits en face de chaque titre indiquent les feuilles du catalogue. Je veux déjà rappeler la part qu'ont prise MM. Martineau et Musset dans la rédaction et la vérification des notes qui suivent.

## 2. — De rebus Eucharistiæ Controversis per fr. Claudium de Sainctes, Parisüs ex officina Patris Luillie, vià Jacobea sub signo olivoe 1575.

*Patris Luillie*, lire : Pierre l'Huillier : sa marque typographique était : un olivier avec la devise : *Oliva fructifera in domo Dei.* Psal. 51, inscrite sur une banderolle enroulée autour du tronc.

Claude de Sainctes est l'auteur d'un autre ouvrage intitulé : *Discours sur le saccagement des Eglises catholiques par les hérétiques anciens et nouveaux calvinistes en l'an 1562.* Paris 1563 chez Claude Fremy en la rue Saint-Jacques, à l'enseigne Saint-Martin. Ouvrage dédié à Mr l'illustrissime Cardinal de Lorraine.

C'est un livre rare où l'on trouve des détails intéressants sur les désordres et les pillages des protestants durant l'année 1562. (Note de A. Claudin).

Brunet, dans le supplément de son Manuel, cite cet ouvrage avec les millésimes 1562 et 1563, ce qui peut faire croire à une édition antérieure à celle de 1563 ; cela est peu probable ; il doit en être de cet ouvrage comme de la Recepte véritable de Bernard Palissy indiquée par Brunet 1563 et 1564 alors qu'il n'y a eu qu'une seule édition pour ces deux années.

Brunet dit, en parlant de l'ouvrage de Claude : Pièce virulente qui valut à son auteur l'évêché d'Evreux.

Il existe une édition de cet ouvrage : Paris, veuve Jean Ruelle, 1587, qui porte le même titre que celle de 1563 avec cette différence, qu'après le millésime 1562 du titre, il y a : *Plus de l'ancien naturel des français en la Religion chrestienne.*

Il y a enfin une réimpression moderne de l'édition de 1563, mais qui n'est qu'un fragment de l'ouvrage, avec notice sur Claude de Sainctes. Brunet ne cite pas l'édition de 1587, pas plus que la réimpression moderne.

On lit dans la *France protestante* de M. G. de Félice, 4e édition, page 140 : « Le 27 septembre 1561, dans la petite chambre priorale de Passy, Théodore de Bèze discuta sur les articles contestés par le cardinal de Lorraine, le docteur Claude d'Espence et un certain Claude de Sainctes, petit moine blanc, qui traita son adversaire d'anabaptiste. »

Claude de Sainctes, prélat français, né en 1525 dans le Perchemont mourut en 1591 près Lisieux (voir notice biographique dans la biographie générale de Didot.)

Il est l'auteur de : *Liturgiæ sive missæ SS. Patrum Jacobi apostoli Basilii magni J. Chrisostomi* ; Paris 1560 in-fol. grec et latin ; Anvers 1560, 1562 in-8°, latin seulement. — Déclaration d'aucuns athéismes de la *Doctrine de Calvin et Bèze* contre les premiers fondements de la chrétienté ; Paris 1567 et 1568 in-8°. — *Traité de l'ancien naturel des français* en la Religion chrétienne ; Paris 1567 in-8° ; — *De rebus Eucharistiæ controversis lib. X.* Paris 1575.

Par ce qui précède on peut conclure que Claude de Saintes n'a de commun avec notre pays que ce nom fait pour égarer les chercheurs.

### 3. — Officia propria Sanctorum Eutropii et Eustellæ martyrum Sanctonis apud Stephanum Bichon 1666.

Cet Etienne Bichon, successeur de Jean Bichon dont il était probablement le fils (*Essai sur l'imprimerie en Saintonge et en Aunis*), p. 73), a exercé à Saintes pendant de longues années puisqu'il figure encore en 1682 (31 mai) dans un acte, comme imprimeur ordinaire du roi. Minutes de Baultron, notaire. — M. Audiat ne cite pas, dans cet ouvrage sur l'imprimerie, le volume ci-dessus ; il indique, p. 75, un ouvrage d'Estienne Bichon daté de 1689.

### 7. — Manuale historicum a Christo nato ad annum domini 1646. Rupellæ apud Tussanum de Goy 1626.

On lit dans *l'Essai sur l'Imprimerie*, p. 46 : Toussaint de Gouy, 1614-1673.

*Manuale ecclesiasticum historicum auctore M. Lefebvre, priore conventus Rupellensis, ordinis prædicatorum,* — *Rupellæ, 1646.*

L'ouvrage cité dans l'Essai paraît être le même que celui ci-dessus et cependant la date diffère de 20 ans. Il pourrait se faire que celui qui a écrit l'inventaire ait fait erreur ; dans tous les cas, nous savons maintenant que l'auteur de l'ouvrage en question était Lefebvre.

La faute de l'écrivain paraît d'autant plus évidente qu'on ne pouvait pas imprimer en 1626 des faits qui eurent lieu en 1646.

### 8. — Manuale Ecclesiasticum historicum Rupellæ apud Tussanum de Gouy Typographum.

Voir la note précédente sur : *Manuale historicum.*

Augustin de Backer cite dans la Bibliothèque des écrivains de la S. J. au nom d'Audebert Etienne, page 309, le volume suivant imprimé chez Touss. de Gouy.

*Dialogue de Monsieur le Baron de la Cheze avec le R. P. Estienne Audebert de la Compagnie de Jésus, sur la Saincte Eucharistie,* par Monsieur le Baron de la Cheze .......... La glose adultère fait tout autant d'outrage à la vérité que la plume faussaire. Tert. lib. de præser. à La Rochelle par Est. du Rosne et Touss. de Gouy, imprimeurs et libraires, 1632, avec approbations in-8°, 12 ff., pp. 543. En faveur du P. Audebert.

## 16. — Petri Martini Morentini Navarri Grammatica Rupellæ, 1597.

Cet ouvrage ne se trouve pas dans Brunet. Quel en fut l'imprimeur ?

Probablement Robert Haultin qui, en 1598, imprimait le *Dodécacorde* contenant douze psaumes de David mis en musique selon les douze modes par Claude Le Jeune. 4 vol. in 4°.

En 1572, Pierre Haultin avait imprimé *Petri Martini Morentini gratulatio ad senatum civesque Rupellenses de Academia ab ipsis instituta,* in-8°.

## 17. — La Grammaire de Despautère, par un père Jésuite à Saintes, 1720 (Trois exemplaires).

Ce père Jésuite était le R. P. Gaudin de la Compagnie de Jésus ; la 8° édition parut à Limoges vers 1704 ; la 10° à Bordeaux, en 1767, sous le titre de *Rudimens.* Il en existe une de Poitiers 1781 et une d'Angoulême, sans date.

L'édition ci-dessus était donc la 9° et elle a été imprimée par Théodore Delpech. 1 vol. in 12.

M. M. Martineau, de Saintes, a un exemplaire dont le titre porte :

*La grammaire de Despautère abrégée et corrigée, pour la commodité de la jeunesse qui veut apprendre la langue Latine. Dernière édition plus correcte que les précédentes.* Par un Père de la Compagnie de Jésus. / A Saintes / chez Théodore Delpech, im- / primeur et libraire du Collège / M.DCC.XXX.

Voir Catalogue de la Bibliothèque de Saintes n° 4104, du même auteur : *Trésor des langues française et latine.* Limoges, Jean Barbou, 1730.

### 23. — Trois tables espagnolles et françaises à Saumur par Thomas Portau, 1611.

Thomas Portau fut imprimeur à Pons de 1590 à 1596 ; c'est là qu'il imprima les ouvrages de Yves Rouspéau Saintongeais.

De Pons, il se rendit à Niort et nous le trouvons plus tard à Saumur, en 1602, où il imprime un Robert Garnier. (*Essai* p. 152).

Portau, dit M. L. Audiat, avait une sorte d'imprimerie ambulante.

Le nom de l'auteur de l'ouvrage reste inconnu.

### 24. — Factum pour le Sindic du clergé de France contre les protestants de Saintonge, in-4°.

Cet ouvrage a pu sortir des presses des Crespon ou des Bichon.

### 26. — Réponse à Welsch, ministre de Jarnac, par le P. Perardi jésuite à Bordeaux, 1616.

Pyrard Pierre de Laval, 1602-1667. *La réponse au ministre de Jarnac* est citée dans la Bibliographie des Jésuites par de Becker, impr. à Bordeaux par Jacques Mercan, 1610.

Cette réponse s'adresse probablement à l'ouvrage suivant de Jean Welsch :

*La conférence advenue au bourg de Baigne* en présence de plusieurs d'une et d'autre Religion, Entre le sieur Welsch pasteur de l'Eglise de Jarnac et le sieur Pyrard, jésuite, prédicateur et professeur en philosophie à Bourdeau. Plus un traicté dudict sieur Welsch, auquel par plusieurs raisons très fortes il est prouvé, qu'en l'Eglise Romaine il n'y a ni Foi, ni Christ, ni Salut — Au petit Milan — par François Audebert, imprimeur et libraire juré de la ville de Saintes. M.VIC.XV. Petit in-4° II-80 pages.

Ouvrage rarissime dont M. M. Martineau possède un exemplaire peut-être unique, qui était inconnu des auteurs de la *France protestante*.

(On pourrait copier les pages 3-4-5 de la conférence de Welsch).

La *Réponse de Perardi* (Pyrard) est vraisemblablement une contre-partie de tous les arguments développés par Welsch, mais évidemment dans un autre esprit.

On trouve dans l'ouvrage de Welsch plusieurs passages qui ont été très probablement reproduits dans la *Réponse de Pyrard*.

Une grande partie de la discussion roula sur la question de savoir quelle était la véritable signification du mot grec *τον* vers. 51, chap. 6 de l'Evangile selon Saint Jean.

### 26. — La royauté inviolable à Nyort chez Jean Moussac, 1626

Lire Jean Moussat (et non Moussac) qui avait épousé Marie Portau, probablement fille de Thomas Portau, premier imprimeur de Pons.

Il joua un rôle considérable sous la direction du célèbre Agrippa d'Aubigné, dit H. Clouzot dans des *Notes sur l'histoire de l'imprimerie à Niort.*

De 1616 à 1620 parurent un certain nombre d'ouvrages portant le nom de Jean Moussat et la désignation de Maillé (petit bourg situé sur la rive droite de la Sèvre niortaise à 6 kil. de Maillezais).

Il imprima l'*Histoire Universelle* d'Agrippa d'Aubigné, et Moussat s'intitula imprimeur du dit sieur (H. Clouzot).

Certains de ses volumes portent la marque employée par Berton sur les œuvres de Bernard Palissy.

Le titre véritable de l'ouvrage ci-dessus est : *La Royauté inviolable contre les injustes armes des rebelles de ce temps. Au Roy* par M. François Meaulme, docteur en théologie. — Niort, Moussat M. DC. XXVI, in-8° de 405 pp. plus 2 feuillets d'errata et 18 ff. pref. Bibl. nat. LJ. ³⁸ 2439.

Voir dans l'ouvrage de H. Clouzot, p. 53, deux citations de vers.

### 26. — Briève et naïve explication des passages de St-Augustin de l'Eucharistie, à La Rochelle, 1631

On lit dans l'*Essai sur l'imprimerie* p. 46.

A Tiffaine et L. Chesneau, imprimeurs à La Rochelle en 1689. — Etienne Darosne 1632-1648 qui imprima en 1633 : *Exposition littérale de la sainte Eucharistie...* par le R. P. Tranquille de Saint-Rémy, capucin.

### 26. — Confutation d'un imprimé à Saintes chez Crespon, 1611

Le véritable titre est :

Confutation d'un imprimé portant pour titre : (*Véritable narré de ce qui s'est passé en une conférence, en la maison noble de Roumette, entre Guillaume Rivet et un récollé, appelé le P. du Verger*).

*Faicte par le P. Bernard du Verger, religieux de l'estroicte observance de l'ordre de Saint-François contenant le récit de tout ce qui se passa en la dicte conférence, attesté par trois gentils-hommes qui furent présens et par la demoiselle de Roumette pour l'instruction de laquelle la conférence fut faicte ;* in-12 de 304 pp.

Nicolas Crespon ayant commencé à imprimer à Saintes en 1611, il est possible que le volume en question soit un des premiers sortis de ses presses.

## 26. — Défense de la foi de l'Eglise touchant l'Eucharistie à La Rochelle, 1676.

A cette date (1676) on ne trouve dans l'*Essai sur l'imprimerie* aucune indication bien précise sur le ou les imprimeurs de La Rochelle.

Sont mentionnés : Barthélemy Blanchet 1652-1661 et sa veuve 1680..... qui a imprimé..... plusieurs ouvrages parmi lesquels : *Conférences ecclésiastiques du diocèse de La Rochelle, 1674 ;* 2° édition en 1676. François Pérez 1675, Louis de Coquerel 1685-1693.

Cet ouvrage figure dans les *Notes pour servir à l'imprimerie à La Rochelle,* par Delayant (mss. 344 de la Bibl. de La Rochelle, f° 176, V°,) sous ce titre : *Défense de la foi de l'Eglise touchant l'Eucharistie contre le livre de M. de Lortie de la Saint-Cène.* — A La Rochelle, chez la veuve Barthélemy Blanchet, 1676, in-12 de 244 pages. L'auteur était Michel Bourdaille, grand-vicaire de La Rochelle. (V. Arcère, *Hist.* de la ville de La Rochelle, II, p. 408).

## 27. — La nouvelle philosophie des ministres à Saintes chez Bichon, 1618.

M. Audiat ne cite pas cet ouvrage dans son *Essai sur l'Impri-merie en Saintonge.* Quel en était l'auteur ?
Aucune trace dans Brunet, dans Barbier, dans Quérard.

## 27. — Instruction chrétienne sur la croyance des protestants à Saintes, 1615

Cet ouvrage a pu être imprimé par les Crespon ou les Bichon.

33. — **Entretiens sur les vérités fondamentales de la Religion pour l'instruction des officiers et gens de guerre par le P. Yves Valois, à La Rochelle, 1747.**

R. J. Desbordes était imprimeur à La Rochelle de 1747 à 1758, c'est donc vraisemblablement un des premiers ouvrages qu'il ait imprimés.

Quant au P. Yves Valois, on lit dans *l'Histoire du Collège de Saintes*, premier fascicule, page 30, le nom du R. P. Valois âgé de 68 ans, né à Bordeaux, entré le 7 octobre 1710, casuiste, au dit Collège de Saintes.

Il est l'auteur de ces *Entretiens*.

Cependant, cette même année (1747) les Delys et Toussaints commençaient à imprimer à Saintes et on est tenté de se demander pourquoi, à cette époque où les moyens de communication n'étaient pas si faciles que de nos jours, le P. Valois habitant Saintes aurait fait imprimer son volume à La Rochelle.

Voir au nº 9511 du Catalogue de la Bibliothèque de Saintes le même ouvrage imprimé à Lyon, en 1751, chez André Périsse.

En 1735, le P. Yves Vallois était au Collège royal de la Compagnie de Jésus à La Rochelle, et publiait : *La Science et la pratique du pilotage* à l'usage des élèves d'hydrographie dans le Collège royal de la Compagnie de Jésus à La Rochelle, imprimé à Bordeaux, J. B. Lacornée, 1735. Voir nº 9510. Bibliothèque de Saintes.

### 34. — Rudimenta fidei Christianæ Rupellæ, 1588

On peut attribuer l'impression de cet ouvrage à trois imprimeurs qui exerçaient à cette époque à La Rochelle, Pierre Davantès — les Haultin, — Jean Lefort, bien que ce dernier soit, dit M. Audiat, *un être apocryphe*.

### 34. — Prières dressées par ordre de M. L'Evêque pour les stations du Jubilé à Saintes, Chez Toussaints.

Ce volume a dû être imprimé entre 1765 ou 1770 par Pierre Toussaints.

L'auteur de ces prières devait être Monseigneur Germain de Chasteigner de la Chasteigneraie qui fut évêque de Saintes de 1765 à 1781.

### 39. — Le Nouveau Testament, à La Rochelle, 1603

A cette date, on trouve comme imprimeurs à La Rochelle : Jean Brenouzet, demeurant près la boucherie neuve, qui exerça de 1602 à 1609, et P. Prunier (1603).

### 39. — Premier tome du tableau des différens de la Religion par Philippe de Marnise, à La Rochelle, 1607.

Philippe Marnix de Sainte-Aldegonde, célèbre écrivain, diplomate et théologien calviniste de la seconde moitié du XVI° siècle.

L'ouvrage ci-dessus comprend quatre volumes.

Le tome premier du *Tableau des différens de la Religion :* traitant de l'Eglise, du Nom, Définition, Marques, Chef, Propriétés, Conditions, Foy et Doctrines d'icelle. Auquel comme en un tableau sont proposés et examinés les argumens, raisons, allégations et disputes, qui aujourd'hui sont en débat, entre ceux que l'on nomme Catholiques d'une part et ceux que l'on appelle Réformés ou Evangéliques de l'autre. Recueilly et composé par Philippe de Marnix, Seigneur du mont Sainte-Aldegonde. A Leyde par Iean Paets, l'an       , in-8° 12 ff. prélimin. et 428 ff. chiffrés. — Seconde édition ibid, MDC in-8° 16 ff. prélimin. et 335 ff. chiffrés. Même édition avec cette adresse : A La Rochelle, par François Eauëfort. Troisième édition à Leyde. Quatrième édition à La Rochelle de l'imprimerie de Hierosme Haultin 1601, titre gravé portant à gauche le monogramme IG 12 ff., dont le dernier est blanc, et 412 ff. chiffrés. (*Manuel* Brunet).

Il n'est pas question de cette édition de 1607.

Brunet indique, pour le tome second, une édition de Haultin, La Rochelle 1605, mais n'en cite pas de 1607. Il y aura eu probablement erreur commise par le copiste qui aura écrit 1607 pour 1601.

Pour la seconde édition du tome second, Brunet dit : « Le titre est dans un encadrement gravé sur bois au verso duquel se trouve le portrait de Marnix. »

L'Œuvre de Marnix comprend :

1° Tableau des différens de la Religion, 4 vol.

2° De Bijenkorf, 2 vol.

3° Ecrits politiques et historiques, etc., 1 vol.

4° Correspondance et mélanges : Traité de l'Éducation, etc., 1 vol.

On lit dans *l'Essai sur l'imprimerie*, page 26 : Le dernier ouvrage que semble avoir imprimé Hiérosme Haultin est le premier tome du *Tableau des différens de la Religion* par Philippe de Marnix de Sainte-Aldegonde, in 8° de XXX-824 pp. qui porte la date de 1601 et le second tome (2ᵉ édit.) 1605.

Brunet dit 412 ff. et M. Audiat 824 pp., l'un et l'autre ont raison, le verso seul de chaque page étant chiffré, comme cela se faisait très souvent à cette époque. En doublant le chiffre de Brunet 412 qui représente le nombre de feuillets, on retrouve celui de M. Audiat 824 qui indique les pages. Il fallait bien changer un mot ou un nombre.

### 40. — Règle des statuts de la confrairie de Saint-Roch à Saintes, 1603.

Les Crespon (1611-1650. — Les Bichon (1613-1702).

Peut-être ces règles et statuts ont-ils été imprimés par Bichon qui avait ses ateliers à Saintes dans la rue Juive actuellement rue de la Vieille-Prison.

### 40. — Officia propria SS. Eutropii et Eustellæ martyrum Santonis, 1666.

Imprimé par Etienne Bichon ; — même ouvrage que celui f. 3.

Pierre Toussaints, imprimeur du roi et de monseigneur l'évêque de la Rochelle, imprima en M. DCCC XVI :

*Offices propres de l'octave et du jour de Saint-Eutrope martyr et premier évêque de Saintes.* En latin et en français. — Avec les procès-verbaux des différentes mutations du chef depuis le dix-neuf décembre mil sept cent quatre-vingt-neuf.

### 42. — La théologie françoise au Roy par Jacques Dillaire, seigneur de Jonzac, gentilhomme ordinaire de sa chambre à Paris, 1630.

### 42. — Ouverture de tous les secrets de l'apocalypse par Jean Napier (c. a. d.) nom pareil, à La Rochelle, 1602.

(Voir *Catalogue de la bibliothèque de Saintes* n° 6908, même titre,) mise en français par Georges Thomson. La Rochelle héritiers de Haultin 1603.

Traduction de l'ouvrage de John Napier intitulé : *A plain discovery of the whole revelation of S. John : set down in tevo treatise ley John Napier L. of Merchistoun younger : where unto io annexed,* certain oracles of sibylla, agreeing vith the revelation and other places of scripture. Edinburgh 1593 in-4° réimprimé à Londres en 1611 et à Edinbourg en 1646.

Ce dernier a été traduit en français sous ce titre : *Ouverture de tous les secrets de l'apocalypse ou révélation de Saint-Jean en deux traités* l'un recherchant et prouvant la vraye interprétation d'icelle ; l'autre appliquant au texte cette interprétation paraphrastiquement et historiquement par Jean Napier (c'est-à-dire Nompareil) sieur de Merchiston mise en français par Georges Thomson escossois ; édition troisième amplifiée d'annotations et quatre harmonies sur l'apocalypse par le traducteur. La Rochelle, Noel de la Croix 1604 in-4°.

La première édition de cette traduction est celle de La Rochelle, Jean Brenouzet 1602, in-4°, c'est celle en question (Brunet).

Le mathématicien Jean Napier a publié plusieurs ouvrages sur les logarithmes et une arithmétique logarithmétique. Ces ouvrages édités en Ecosse et en Angleterre ont été traduits et réimprimés en Hollande et en France.

## 43. — La défense des droits de Dieu par Guillaume Rivet, pasteur de l'Eglise réformée de Taillebourg, à Saumur, 1634.

Voir plus loin nos 59, 64, 66, 67.

En 1608, André Rivet, chapelain du duc de La Trémoille et ministre de Thouars, avait fait imprimer le *Sommaire des controverses.*

Antérieurement, en 1603, il avait fait imprimer, à La Rochelle, par les héritiers de Hiérosme Haultin, un in-12 :

*Echantillon des principaux paradoxes de la papauté sur les points de la religion controverse en ce temps.*

Crottet dit : « En 1603, l'église de Taillebourg avait pour pasteur Guillaume Rivet, sieur de Chauvernon, frère d'André Rivet, professeur de théologie à Leyde. Il ne voulut jamais quitter son église de Taillebourg, et resta toujours fort attaché aux seigneurs de ce lieu. Il fut député à plusieurs assemblées des églises et se fit remarquer par son adresse à manier les affaires synodales. Il a composé les ouvrages suivants : *De justificatione ; De inventione et adoratione defunctorum ; de l'autorité des saintes Ecritures : de la défense des droits de Dieu.*

Il était frère d'André Rivet, célèbre théologien protestant, né à Saint-Maixent le 5 août 1573, mort à Bréda le 7 janvier 1651.

La bibliothèque de Saintes, nos 8369, 8370, possède deux ouvrages d'André Rivet imprimés à Genève chez les Chouët. André Rivet (1573-1651) présida le synode national de Vitré en 1617 et alla professer la théologie en Hollande. Son *Introduction* à l'étude de la Bible pose les véritables bases de la critique sacrée. « L'auteur, dit G. de Félice, dans l'*Histoire des protestants de France*, veut que l'on cherche dans l'Écriture, non un sens allégorique ou d'accomodation, mais le sens exact et réel, celui qui résulte naturellement des termes du texte original. »

Guillaume Rivet était né à Saint-Maixent le 2 mai 1580, il mourut en 1651.

On a de lui, dit Didot dans sa *Biographie générale* : *Libertatis ecclesiastica defensio*, Genève, 1625, in-8°.

*De la défense des droits de Dieu*. Saumur, 1634, in-8°.

*Vindiciæ evangelicæ de justificatione* : Amat, 1648, in 4°.

**43. — L'Eucharistie en l'Eglise ancienne par Messire Phil. de Mornay, seigneur Duplessis ; à La Rochelle, 1598.**

Le véritable titre de cet ouvrage est :

*De l'institution, usage et doctrine du S. Sacrement de l'Eucharistie en l'église ancienne, comment, quand et par quels degrez la messe s'est introduite à sa place, le tout en quatre livres*. La Rochelle, Hiérosme Haultin, 1598, pet. in-4°.

Il existe en outre de cette édition : Dernière édition revue par l'auteur, 1599 pet. in-8°. Seconde édition, Saumur, Th. Portau, 1604, in fol. Voir *Catalogue de la bibliothèque de Saintes*, n° 6840.

Une autre édition a pour titre :

*De sacra Eucharistia in quator libros distinctum opus... authore Philippo Mornayo, nobili gallico, Plessiaii Marliani domino*. Francof. apud Cl. Martinum, 1606, in fol.

Plusieurs des ouvrages de du Plessis-Mornay ont été imprimés par Hiérosme Haultin, Millanges et Th. Portau.

**43. — Apologie pour la Sainte-Cêne du seigneur contre la présence corporelle et transubstantiation par Pierre de Moulin, ministre à La Rochelle, 1609.**

Cet ouvrage est sorti vraisemblablement des presses de Hiérosme

Haultin, Brunet cite : *P. Molinœi Anatome missœ latino sermone
donata a Lud. Melinœo auctoris filio.* Ludg. Batavor ex offii.
Elzévir 1637 pet. in-8°. Et du Moulin (Pierre). *Anatomie de la
messe, où est montré par l'écriture saincte, etc... que la messe est
contraire à la parole de Dieu.* — 3e édit. revue et corrigée. Loyde,
Bonav. et Abrah. Elzévier 1638 pet. in-12.

La bibliothèque de Saintes possède sous les nos 3286, 3287, 3288,
3269 d'autres ouvrages de Pierre du Moulin.

On connaît de Pierre du Moulin soixante-treize ouvrages entre
lesquels les plus populaires furent le *Bouclier de la Foi*, l'*Anatomie
de la Messe* et les *Décades de sermons*.

### 44. — Avis donnés aux confesseurs par S. Char. Boromée.
### à La Rochelle, 1677. (4 exemplaires)

Le catalogue de la bibliothèque de Saintes indique sous le n° 1225 :
Borromée (Saint Charles) *Avis donnez aux confesseurs.....
imprimez par le commandement de Mgr l'évêque de La Rochelle.* —
La Rochelle imp. Pierre Mesnier, 1671, in-12. 122 pp.

Pierre Mesnier exerça de 1688 à 1734.

### 49. — Jubilé universel de l'année sainte à Saintes chez Delys
### et Toussaints, 1751.

Les Delys et Toussaints n'étaient que libraires.

Aucune indication du jubilé en question et aucun exemplaire de
cette brochure sont connus.

### 51. — Paraphrasis ad consuetudinem santangeliacam, autore
### D. Jacobo Vigneo. Santonis apud Joannem Bichon, 1638.

Cet ouvrage est indiqué dans l'*Essai sur l'Imprimerie* de la
manière suivante :
*Paraphrasis ad consuetudinem santageliacam,* authore D. Iacobo
Vigneo I. c. doct. in suprema curia Burdigalensi et foro Santonum
præsidalium causarum patrono praxeos peritissimo..... apud
Joannem Bichon, typographum regium, MDCXXXVIII in-4° édité
par le fils de l'auteur, Bernard Desvignes, et dédié par lui à
l'évêque de saint Papoul, Bernard Despruets, ami de l'auteur, avec
un avis au lecteur de son gendre Denis Huon, médecin, et des vers
de Gilles Boursiquot.

**51. — Consultation faite par un avocat du diocèse de Saintes à son curé, sur la diminution du nombre des fêtes ordonnées dans le diocèse par M. Levesque de Saintes, à La Rochelle, par Barthelemy Blanchet, 1670.**

Cet ouvrage est de J.-B. Thiers. Paris, Dupuis 1670, in-12. — La Rochelle, Blanchet 1670 in 4°. (Dictionnaire des ouvrages anonymes T. I p. 737). Voir catalogue de la bibliothèque de Saintes n° 9295.

L'ouvrage de J.-N. Quérard : *Les supercheries littéraires dévoilées,* indique le même ouvrage précédé de : *Un avocat du diocèse de Saintes* (J.-B. Thiers). T. I p. 421.

On lit dans le bulletin des archives T. 4 p. 306 :

Le mémoire de la Société archéologique et historique de l'Orléanais (t. XIX 1883) publie *bibliothèque chartraine* où p. 433 est une notice sur Jean-Baptiste Thiers, curé de Vibraye, l'ardent polémiste, à qui l'auteur attribue la *Consultation faite par un avocat,* etc.... D'autres ont attribué cette apologie à l'évêque lui-même, Louis de Bassompierre.

L'abbé Jean-Baptiste Thiers, mort en 1703, est l'auteur du traité des superstitions où il signale les restes des vieilles croyances et pratiques superstitieuses de son temps.

M. M. Martineau possède un exemplaire de cet ouvrage ; au verso de la couverture est écrit :

C'est ici l'édition originale et très rare de cette consultation faite par le fameux J.-B. Thiers, voyez Dupuy c... du droit canonique tome I. page 225.

M. Dupuis attribue cette consultation à M. Louis de Bassompierre, alors évêque de Saintes. (Voyez sa bib. eccl. tome 5 page 146). — Disons plutôt qu'elle nous fut donnée par l'ordre de cet évêque et que M. J.-B. Thiers en était l'auteur.

Cette consultation est faite sous forme de dialogue entre l'avocat et le curé.

**52. — L'usance de Saintonge colligée des anciens manuscripts à Saintes par Jean Bichon, 1633.**

Le titre complet est :

*L'Usance de Saintonge entre Mer et Charente,* colligée des anciens manuscrits, illustrée de notes et confirmée par quantité d'enquestes, par turbes et notoriétés — avec deux traités, des secondes noces et du droit de reversion.

La première édition est de 1633. La deuxième augmentée de digressions des parages, des affiliations et autres matières communes en la province de Saintonge par M⁰ Cosme Bechet, advocat au Parlement de Paris et siège présidial de Saintes, a été donnée à Saintes par Jean Bichon, imprimeur ordinaire du Roy M. DC. XLVII.

Une autre édition est datée de Bordeaux imp. Simon Boë 1701, 394 pp. (elle doit être moins complète que la précédente qui a 502 pp.)

Monsieur Dusault, conseiller du Roy et assesseur au présidial de Saintes, a écrit :

*Commentaire sur l'Usance de Saintes conférée avec la coutume de Saint-Jean-d'Angély* à Bordeaux chez Guillaume Boudé-Boé M. DCC. XXII.

Béchet ne fut pas à proprement parler l'auteur de l'Usance, Rainguet dit page 75 : Nous voyons, dans l'avertissement donné en tête de la 3⁰ édition de l'ouvrage qu'aussitôt, après les ordonnances de Charles VII et de Charles VIII décidant que les coutumes des différentes provinces seraient rédigées par écrit, on se mit à l'œuvre dans la Saintonge. Il fut formé, dès lors, une certaine collection manuscrite des lois et usages en vigueur. Mais pourtant le travail resta incomplet et inachevé. Vers 1553, un avocat habile du même siège présidial nommé de Farnoux fit une nouvelle copie à la main de *l'Usance* et l'augmenta de quelques annotations. Béchet s'emparant de tous ces matériaux, notes manuscrites, commentaires, recueil des arrêts du siège présidial, que possédaient à peu près exclusivement les gens du palais, en forma le corps d'ouvrage qui s'imprima pour la première fois en 1633. La 2⁰ édition de l'*Usance* parut en 1647 et bientôt après elle fut épuisée.

Encouragé par le succès de son livre, Béchet rassemblait de nouveaux matériaux pour sa 3⁰ édition, quand la mort vint le surprendre. Ses papiers revus par Dusault, servirent à la nouvelle publication que fit faire, en 1701, la famille de Béchet.

Voir Catalogue de la bibliothèque de Saintes nᵒˢ 831, 832, 833.

**52. — Conférence de l'Usance de Saintes avec la coutume de St-Jean-d'Angély par M. Cosme Béchet, à Saintes par Jean Bichon, 1644.**

Il y a eu très probablement erreur de la part du copiste pour cet ouvrage.

On ne trouve pas trace, en effet, d'une conférence sur *l'Usance de Saintes*, il serait plutôt probable qu'on a voulu écrire : *Commentaire sur l'Usance de Saintes* conférée avec la coutume de St-Jean-d'Angély — et portant cet ouvrage est de Dusault et a été imprimé en 1722.

Les trois éditions de la coutume par C. Béchet sont de 1633 — 1647 et 1701.

MM. Feuilleret et de Richemond ne citent de Cosme Béchet en dehors de l'*Usance de Saintonge* que *la coutume du siège royal de St-Jean-d'Angély*.

Voir catalogue de la bibliothèque de Saintes n° 3398.

**53. — Thrésor des titres justificatifs des privilèges et immunités, droits et revenus de la ville de Niort, à Niort par Antoine Saultre, 1675.**

*Thrésor / des titres justificatifs / des / privilèges et immunitez / droits, et revenus de la ville / de Nyort.* Ensemble *la liste de ceux qui ont esté maires / de la dite ville ; Et celle des Maires, Eschevins et Pairs d'à présent.* / Le tout recherché et imprimé par les soins de / M. Christophe Augier, / Sieur de la Terraudière, Advocat en la cour, / à présent Maire, capitaine, et l'un des / Eschevins de la dite ville de Niort. — Niort, Faultré, M. DC. LXXV. petit in 8° de 328 p.

Marque ; un fleuron avec une fleur de lys au milieu.

Cet ouvrage n'a été imprimé qu'une fois ; mais il a été augmenté à deux reprises différentes, le frontispice a été changé et quelques réimpressions partielles ont eu lieu.

Ce livre fut imprimé aux frais de la ville et l'auteur, zélé catholique et ardent convertisseur, le confia à l'imprimeur de sa religion bien que les Bureau fussent bien plus habiles et plus riches en caractères. Le travail fut payé 130 livres.

Antoine Faultré est le premier imprimeur catholique qui se soit établi à Niort, nous ne savons pas à quelle époque, mais il y épousa le 20 septembre 1643 Jeanne Rouillé, dont il eut un fils Antoine qui lui succèda. Il était mort en 1676 et ne paraît pas avoir beaucoup imprimé.

Antoine Faultré II, né le 19 décembre 1644, épouse le 11 février 1676 Marie-Madeleine Moussay dont il eut cinq enfants. Son imprimerie située près de l'hôtel-de-ville eut une certaine prospérité grâce à l'appui de la faction catholique et du maire Augier de la Terraudière. Faultré tenait une place marquante dans le corps de ville ; il mourut le 25 février 1719.

(Notes extraites de l'histoire de l'imprimerie à Niort par H. Clouzot.)

**54. — Les œuvres d'Ovide in fol. sans commencement in fol. franciados a Petro Josse soc. Jes. Rupelloe 1640.**

Cette édition qui a pu sortir des presses d'Etienne Durosne, imprimeur à La Rochelle de 1632 à 1648, n'est pas mentionnée dans Brunet.

**57. — Œuvres ou mélanges poétiques de Chevalier, à Niort, 1646.**

H. Clouzot mentionne dans son ouvrage sur l'imprimerie, p. 82 :

*Œuvres / ou / mélanges / poétiques* : où les plus / *curieuses raretéz, et diversitéz, de la Nature Divine, et humaine, sont traitées* : / En stances, Rondeaux, Sonnets, et Épigrammes. / Par Guillaume Chevalier, / Docteur en médecine, natif de la ville de St-Pierre le Moûtier / en Nivernois. / Rerum miscella voluptas. — Niort, François Mathé, 1647, 2 vol. in 12.

François Mathé, probablement frère de Marie Mathé, veuve de Jean Bureau, eut une imprimerie à Niort de 1644 à 1659 et la transporta ensuite à St-Maixent.

François Mathé avait pour marque une mauvaise copie de l'Ange des Haultin, déjà prise par la veuve Jean Bureau et par son fils Philippe Bureau.

**58. — L'Eucharistie en l'Eglise ancienne, par Philippe Mornay seigneur du Plessis Marly, à Saumur, par Thomas Portau, 1604, in fol.**

Voir note 43, même ouvrage avec indication de l'édition ci-dessus. — Voir catalogue de la bibliothèque de Saintes n° 6840.

Thomas Portau se maria à Saumur en 1603 avec Madeleine Hay. Son fils Philippe et sa fille aînée Charlotte eurent l'honneur d'être présentés au consistoire par Duplessis Mornay. Ce travailleur infatigable mourut le 20 janvier 1623, Marie Portau qui épousa l'imprimeur Jean Moussat devait être sa fille du premier lit.  (H. CLOUZOT.)

## 59. — Sommaire et abrégé des controverses de notre Tems touchant la Religion à La Rochelle, 1600.

L'auteur de cet ouvrage est André Rivet. Voir f. 43 b.

Il avait fait imprimer par les héritiers de Hiérosme Haultin en 1603, *Echantillon des principaux paradoxes de la papauté, sur les points de la religion controversée en ce temps, à La Rochelle 1603, in-12.*

L'ouvrage ci-dessus, *sommaire...* avait été également imprimé par les héritiers de Hiérosme Haultin.

André Rivet est l'auteur d'un assez grand nombre d'ouvrages de théologie, écrits soit en latin, soit en français, qui ont eu du succès et dont plusieurs sont sortis des presses des Elzevier de Leyde, dans les formats in-8° et in-4°. Les plus anciens ont paru à Saumur, au commencement du XVIIe siècle. La plupart des écrits de ce ministre protestant se trouvent réunis sous le titre d'*Opera theologica :* Rotterodami, Arnoldus, 1651-60 en 3 vol in f°. (Brunet.)

## 59. — La pratique de piété par M. Louis Bayle à Nyort, 1648.

M. H. Clouzot, dans ses notes pour servir à l'histoire de l'imprimerie à Niort, mentionne, p. 82 :

*La / pratique / de piété. / Adressant le chrestien / au chemin qu'il doit tenir pour / plaire à Dieu. / Ecrite en Anglois par M. Lovys Bayle,* etc. / Traduite en *françois par Jean Verneuilh, B.* sur la dernière édition. — Niort, François Mathé, 1644 in-12, de 612 p. plus 12 ff. lim. pour le titre, les dédicaces et la table.

Voir note 57 la note sur François Mathé.

## 59. — Réponse aux trois discours du jésuite Loïs Richeome sur le sujet des miracles des saints et des images par B. Delogue, dauphinois, à La Rochelle, 1600. (Lisez B. de Loque).

Cette réponse s'adresse à l'ouvrage suivant : « *Trois discours pour la religion catholique : des miracles, des saints et des images* s. l., 1602 pet in-8°. (Livre rare et surtout d'une rare extravagance ; l'auteur analyse sérieusement les miracles avec queue et sans queue, produit direct de la divinité. Il parle de Marot « bouffon de théologie et théologien de bouffonnerie etc. (Brunet).

Cet ouvrage avait été probablement édité par Hiérosme Haultin qui imprima en 1596 : Les principaux abus de la messe par B. de Loque, dauphinois.

On a attribué à B. de Loque, mais sans preuves suffisantes, *un traité orthodoxe de l'Eucharistie et sainct sacrement du corps et du sang de N.-S.-J.-C.* ; Lyon 1591 et La Rochelle 1595.

Bertrand de Loque, controversiste protestant, était né à Champsaur, d'après Guy Allard, au milieu du XVIe siècle.

Louis Richeome est l'auteur de : *Le panthéon huguenot* découvert et ruiné contre l'auteur de l'idolatrie papistique ministre de Vauvert, cy-devant d'Aiguesmortes. Lyon Rigaud, 1610 in-8°.

**62. — Défense du livre du renversement de la morale de Jésus-C. par les erreurs des calvinistes touchant la justification par M. Leferon prêtre, docteur en théologie de la Société de Sorbonne, archidiacre de l'église de Saintes, à Paris.**

Le catalogue de la bibliothèque de Saintes porte au n° 5695 le même ouvrage imprimé à Paris chez Guillaume Desprez, 1679.

**64. — Récit du vrai de ce qui s'est passé au changement de religion fait par M. le marquis de la Villedieu à Niort, par Jean Bureau, 1631.**

H. Clouzot, dans son ouvrage sur l'imprimerie, cite p. 70 :

*Récit du vray de ce qui s'est passé au changement de religion fait par M. le marquis de la Ville-Dieu. Item en l'abouchement qu'ont eu à ce sujet le sieur Tranquille, supérieur des Capucins de La Rochelle, et Ph. Vincent l'un des pasteurs de l'Eglise réformée en ladite ville.* Niort, Jean Bureau, 1631 in-8° de plus de 164 pp. (Bibl. de La Rochelle n° 3183).

**64 — Seconde dispute faite par écrit en laquelle Louis D. C. Blanchiers ministre de la parole de Dieu en l'Eglise réformée de Niort et contre Jules César Boulanger à Niort, par Thomas Portau, 1596.**

*Seconde / dispute faite / par escrit en laquelle / Loys D. L. Blachière, ministre de la parole de Dieu en l'Eglise réformée de / Niort, soustient qu'il n'a prononcé aucunes ca- / lomnies ny faussetez* contre la messe : ains tou- / tes veritez, comme ennemie du sacrifice de Je- / sus Christ, qui ne l'a iamais instituée. / Contre / Jule Caesar Bovlenger, qui / soustient la messe estre un sacrifice, le désadvouant à présent pour expiatoire. — A Niort, Portau. 1595 in-8º de 991 pp. plus 5 ff. lim. pour le titre et la préface et 11 ff. non chiff. à la fin pour les vers à l'auteur et la table.

II. Clouzot ajoute : Dans cet ouvrage, Portau, comme il l'avait promis, a imprimé de forts beaux caractères grecs. Mais l'hébreu est resté en italique.

Les vers adressés à l'auteur sont de C. Bruneau, André Rivet. — PLLDC — ASDV.

Portau avait imprimé, la même année, l'ouvrage suivant :

*Dispute / faite par escrit en / laqrelle Loys D. L. Bla· / chière, ministre de la parole de Dieu en l'Eglise reformée de / Niort, maintient que la / messe n'est point de l'institution de Je / sus Christ / contre Jules Cœsar Bulenger, / prédicant selon la doctrine des Jésuites, qui / soustient la messe estre un sacrifice expia- / toire pour la rémission des pechez.* — Niort, Portau. 1595 in-8º de 318 pp.

Dédié à M. de Parabère, gouverneur de Niort, le 1ᵉʳ mars 1595.

Au verso du titre, Portau a imprimé un avertissement au lecteur :

« .... Mais je te prie excuse moy si je ne te puis exprimer par caractères hebrieux et grecs (desquels je suis destitué) les sentences hébraiques et grecques qui sont en la coppie, mais je les ai imprimées en lettres italiques. Cependant je te promets que si la dispute s'eschauffe derechef entre les parties : je tascheray d'en recouvrer la coppie pour te la communiquer après ceste cy.

« Bien te soit. »

Voir sur Louis de la Blachière, l'étude de M. de Lestic Saint-Jal dans la revue d'Aunis VIII, 170 et M. Lièvre, *Hist. des prot.* III, 37 ; sur Boulanger l'article de Dreux du Radier. H. Clouzot *hist. de l'imprimerie à Niort.* Voir aussi *bibliothèque des écrivains* de la Compagnie de Jésus.

## 64. — La pratique de piété écrite en anglais par M. Louis Bayle traduite en français par Jean Verneul à Niort par Fr. Roussault, 1631.

François Roulault était gendre de Jean Moussat dont il avait épousé la fille Rebecca, le 27 février 1628. Il prit la direction de l'atelier à la mort de sa belle-mère survenue avant 1632 et imprima jusqu'en 1664 au moins, ou 1678 si l'on s'en rapporte à la date de la seconde édition de la *messe paroissiale*. Il avait eu un fils nommé Jacques, le 9 mai 1632. (H. Clouzot).

**64. — Réponse generalle au livre de M. Arnaud, par Elie Merlac, ministre à Saintes, à Saumur chez René Jean, 1676.**

Elie Merlat, pasteur et professeur de théologie, né à Saintes en mars 1634, mourut à Lausanne le 18 novembre 1705. Après de brillantes études à Saumur, à Montauban, à Genève puis en Hollande et en Angleterre, il fut nommé pasteur à Saintes et pendant 20 ans se fit remarquer par sa science, sa probité, son zèle, sa fermeté et sa prudence. En 1678, il fut nommé président du Synode provincial assemblé à Jonzac. L'année suivante, il fut emprisonné par l'ordre des officiers du présidial de Saintes sous l'inculpation d'avoir parlé dans ses prêches de l'oppression et de la persécution de ses correligionnaires. Son plus grand crime était le livre qu'il avait publié en réponse à celui d'Arnauld pour défendre ses croyances religieuses travesties par le controversiste janséniste. Il fut condamné au bannissement perpétuel et se retira en Suisse.

Merlat a laissé plusieurs ouvrages religieux et un grand nombre de manuscrits, la plupart écrits en latin, langue qu'il maniait avec un talent remarquable. La bibliothèque de Lausanne possède aujourd'hui la plupart de ses manuscrits.

Le titre de son ouvrage est : *Réponse générale au livre d'Antoine Arnauld intitulé : Le renversement de la morale de J.-C. par les Calvinistes.* (Biographie Feuilleret et de Richemond.)

P. D. Rainguet, dans sa *biographie saintongeaise*, le fait naître à Nieul-le-Virouil près Mirambeau, vers 1630.

On a de lui en outre de l'ouvrage ci-dessus : *De conversione peccatoris ad Deum* ; Lausanne, 1682, in-12. — *Traité du pouvoir absolu des souverains* ; Cologne, 1685, in-12, sans nom d'auteur. — *Le moyen de discerner les esprits* ; Lausanne, 1689, in-8°. — *Le vrai et le faux Piétisme* ; Lausanne, 1700, in-12.

Crottet dans son Histoire des églises réformées, dit qu'il est né à Nieul-le-Virouil ; il ajoute que sa Réponse au livre d'Arnauld lui attira de grandes persécutions. Il fut condamné pour ce fait, par arrêt du parlement de Bordeaux, du 5 juillet 1680, à être conduit les fers aux pieds par deux huissiers dans l'audience, pour déclarer à genoux que, témérairement, inconsidérement et malicieusement, il avait composé le livre de la Réponse générale et prêché en des termes contraires aux édits ; qu'il en était marri et qu'il en demandait pardon à Dieu, au roi et à la justice. En outre, à être banni à perpétuité du royaume, à payer mille livres d'amende envers le roi et six cents autres livres d'aumône, dont la moitié devait être employée en œuvres pies à l'ordre de l'évêque de Saintes, et l'autre à Bordeaux en ce que le parlement en déciderait. Enfin, le livre à être brûlé devant l'église de la place Saint Pierre et le débit du livre défendu à peine de vie.

**64. — Triomphe de la vérité par André Rivet pasteur de l'Eglise de Thouars, à Saumur, par Thomas Portau, 1610.**

André Rivet, étudia la théologie d'abord à l'académie d'Orthez, sous Lambert Danceau, et ensuite à La Rochelle sous Rotan qui avait ouvert une sorte d'école théologique. — En 1620, il fut appelé à la chaire de théologie de Leyde, en 1621 dans un voyage qu'il fit en Angleterre, il fut agrégé à l'université d'Oxford. En 1632, il quitta Leyde pour aller s'établir à Breda.

On a de lui un très grand nombre d'ouvrages dont on trouve la liste complète dans *La France protestante*. Les différents écrits théologiques de Rivet, écrits en latin ont été réunis (*Opera theologica* : Rotterdam, 1651 — 1660 3 vol. in fol.)

**64. — Accroissement des Eaux de Siloé pour éteindre le purgatoire et payer les indulgences papales, à La Rochelle, 1603.**

Cet ouvrage a pu sortir des presses de Jean Brenouzet ou de celles de P. Prunier.

Mais il est plus probable qu'il fut imprimé par les héritiers de Hiérosme Haultin qui, l'année suivante, 1604, imprimaient : *L'accroissement des eaux de Siloé pour éteindre le feu du purgatoire et noyer les satisfactions humaines et les indulgences papales*, in 8°.

Il existe une édition des *Eaux de Siloé* pour esteindre le feu du purgatoire contre les raisons et allégations d'un cordelier portugays qui a presché le purgatoire ce caresme dernier à Saint-Jacques de la Boucherie (par P. Du Moulin). S. l. 1603, in-8° v. m.

**64. — Sommaire et abrégé des controverses de notre tems touchant la religion, à La Rochelle, par les héritiers de Jérôme Haultin, 1608.**

L'auteur de ce volume est André Rivet, voir n. 43.

**65. — Ouverture de tous les secrets de l'apocalyse à La Rochelle par Jean Brenouzet, 1602.**

Jean Brenouzet exerça à La Rochelle de 1602 à 1609, voir n. 43.

**65. — Deux traités l'un de la messe et l'autre de la transsubstantiation, à La Rochelle, 1589.**

Sans nom d'auteur.

Est-ce un premier essai de l'ouvrage de Philippe de Mornay du Plessis, qui paraît en 1598, à La Rochelle, chez Hiérosme Haultin?

**65. — Traité orthodoxe de l'Eucharistie, à La Rochelle, par Jérôme Haultin, 1595.**

Le titre complet est : *Traité orthodoxe de l'Eucharistie et saint Sacrement du corps et du sang de N. S. J. C.*

Il y a eu une édition imprimée à Lyon en 1591.

Cet ouvrage a été attribué, mais sans preuves suffisantes, à B. de Loque.

**65. — L'exercice de l'âme fidelle, à Saumur, par T. Portau.**

Cet ouvrage n'a pas été imprimé avant 1600, car ce n'est qu'à cette époque que Thomas Portau, après avoir exercé à Pons et à Niort, se rendit à Saumur. L'Université de Saumur avait eu un grand renom.

**65. — Les principaux abus de la messe, à La Rochelle, par Jérôme Haultin, 1596.**

*Les principaux abus de la messe, où sont découvertes et réfutées les plus remarquables erreurs de l'Eglise romaine touchant la doctrine.* — La Rochelle, Hiérome Haultin, 1597, in-8° par Bertrand de Loque, Dauphinois.

On a du même auteur : *Traité de l'Eglise, contenant un vrai discours pour connoistre la vraie Eglise,* et la discerner d'avec l'Eglise romaine — Genève — Eust. Vignon, 1577, in-8°.

**65. — L'Eglise romaine — à Saumur par Thomas Portau, 1609.**

Voir sur Thomas Portau les notes 23, 67.

65. — **Les psaumes pour le jour de la St-Cène à Niort par Philippe Bureau, 1634.**

*Les / psaumes / pour les jour de la St.-Cène. / Le / voyage de Beth-el. / Avec des / Méditations, Préparations / et Prières, devant et après / la communion. — Niort, Ph. Bureau 1668, in-32 de 216 p.*

Cet exemplaire, cité par H. Clouzot, se trouve à la bibliothèque de Niort n° 5742 s.

C'est une seconde ou troisième édition de l'ouvrage ci-dessus : néanmoins le millésime de 1634 ne doit pas être exact, car Philippe Bureau naquit vers 1621 ; il n'éditait donc pas un ouvrage en 1634.

Clouzot dit dans ses *notes sur l'imprimerie à Niort*, p. 60 :

Il est difficile de préciser le moment où ce fils (Philippe) l'aîné de ses enfants, prit la direction de l'imprimerie.

Le premier volume où se trouve le nom de Philippe Bureau est postérieur à 1643; notre imprimeur avait alors 22 ans.

65. — **De l'institution, usage et doctrine du St-Sacrement de l'Eucharistie en l'Eglise ancienne par Philippe de Mornay Seigneur du Plessis Marly in-fol., à Saumur par Thomas Portau, 1604.**

Voir n. 43.

66. — **De l'institution, usage et doctrine du St-Sacrement de l'Eucharistie de l'Eglise ancienne, à La Rochelle, 1598.**

Voir n. 43.

66. — **Les psaumes de David mis en rime française par Claude Marot et Théodore Beze à la Rochelle par les héritiers de Jérôme Haultin, 1607.**

Voir n. 67.

*Les psaumes de David* par Cl. Marot ont eu de très nombreuses éditions, les voici par ordre :

1° *Psalmes de David translatez de plusieurs autheurs et principallement de Cl. Marot* — Anvers. Ant. des Gois 1541. pet. in-8°.

2° *Psaumes de David mis en rime françoise* par Clément Marot et Théodore de Beze, avec les dix commandements de Dieu, le cantique de Siméon et le cantique de Moyse. Item la prose correspondante, verset par verset (s. l. ni d.) pet. in-8° de 144 pp. (Louis Grandin, Paris, 1542-1553).

3° *Pseaumes de David, mis en rythme françoise* par Clément Marot et Théodore de Besze avec noūvelle facile méthode pour chanter chacun couplet des pseaumes sans recourir au premier, selon le chant accoustumé en l'Eglise, exprimé par notes compendieuses exposées en la préface de l'auteur d'icelles. Par Michel du Boys, M DLX, pet. in-8°.

4° *Les Pseaumes mis en rime françoise* par Cl. Marot et Théodore de Beze, Lyon par Jan de Tourné pour Ant. Vincent, 1563, pet. in 8°.

5° *Les Pseaumes de David mis en rime française* par Clément Marot, — Théodore de Beze — A. Leyden chez Lowis Elsevier. 1606 tr. pet. in-8°.

6° *Les Pseaumes de David*, mis en rime françoise par Clément Marot et Théodore de Beze, et mis en musique avec des oraisons à la fin de chaque pseaume, la forme des prières éclésiastiques, le cathéchisme et la confession de foy — Sedan, Jean Jannon, 1614.

7° *Les Psaumes de David* mis en rimes françoises par Cl. Marot et Théod. de Beze — Sedan — J. Jannon, 1635 in-64 de 506 pp. non chiff. avec musique.

Il y a eu aussi les éditions de Paris, Ambroise Girault 1545 in-16. Lyon, Godefroy Marcelin Birengen 1547 et 1549. Paris, Estienne Groulleau 1550 pet. in-8°. Genève, Jehan Crespin. 1551 in-32 de 133 ff. Lyon, Michel du Bois 1555 in-16. Paris, Richard Breton 1562 in-16. Paris, Nicolas Duchemin 1568 in-16. Caen, Pierre le Chandelier 1593 pet. in-8°. La Rochelle, Hieryosme Haultin 1596 (Audiat p. 26) *Essai*. Middelbourg, Symon Moulert 1616 in 48. La Rochelle, Pierre Prunier 1611.

L'édition de la Rochelle, 1607, n'est pas mentionnée par Brunet pas plus que celle de 1611, Brunet a également omis l'édition de Niort, Ph. Bruneau, 1657 in-12 non pag. qui a pour titre : *Les / pseaumes / de David / mis en rime françoise / par / Clément Marot / et / Théodore de Bèze, / Réduits nouvellement à une briève et facile méthode / pour apprendre le chant / ordinaire de l'Eglise / par Antoine Lordinois*, réimprimé en 1658 et 1670.

Voir catalogue de la bibliothèque de Saintes n°ˢ 6364 et 6365, on y lit : 6364, Marot (Clément) et Théodore de Bèze. Les psaumes de

David mis en rimes. Leyden Philippe de Cro-Y. 1665 in-12, 40 p., 100 psaumes et les commandements de Dieu mis en musique.

6365, Marot (Clément) et Théodore de Bèze, Psaumes de David traduits en vers français et notés en plein chant (sans lieu, ni nom, ni date) in-12, non paginé.

## 66. — La pratique de piété à Niort, par la veuve Jean Bureau, 1648.

M. H. Clouzot ne cite pas cet ouvrage parmi ceux imprimés par la veuve Jean Bureau.

Jean Bureau s'établit à Niort vers 1628. Il se fit une spécialité très lucrative des livres de piété protestants et vécut jusqu'en 1633 avec sa femme Marie Mathé et ses trois enfants : Philippe, né vers 1621, Marguerite 1629, Jean 1631.

Il avait pris pour marque l'orme et le solitaire des Elzevier, avec la devise *vide benignitatem ac severitatem Dei.*

Marie Mathé, sa veuve, restée seule à la tête de l'imprimerie avec un fils de 12 ans, se tira avec une rare intelligence d'une position aussi difficile.

Elle vécut jusqu'à un âge assez avancé, 81 ans ou environ, et mourut le 8 avril 1681. (H. CLOUZOT). Voir n. 64.

## 66. — Réponse à un livre nouvellement mis en lumière intitulé les Trois Vérités, à La Rochelle par Jérôme Haultin, 1594.

Cet ouvrage n'avait pas été cité par M. Audiat dans son *Essai sur l'Imprimerie* et est mentionné dans le Bulletin de la Société des Archives, t. II, p. 127, d'après l'article de M. Emile Picot dans la *Revue critique d'histoire et de littérature du 29 Décembre 1879.*

## 66. — La défense des droits de Dieu par Guillaume Rivet, pasteur de l'église R. de Taillebourg, à Saumur par Jean Lemier et Issaac des Bordes, 1634.

Voir n. 43.

## 67. — Vérification des lieux impugnés de faux en l'institution de la Sainte Eucharistie par le jésuite Richeome ou (en ses) quatre livres de la messe par Mᵉ Philippe de Mornay Sgʳ. Duplessis, Marly à Saumur par T. Portau, 1601.

Louis Richeome, appelé le Cicéron français, 1544-1625.

Le volume ci-dessus est mentionné de la même manière par Augustin de Becker, 3º vol. 191, sans nom d'imprimeur ; on a cependant deux ouvrages différents.

1º *Vérification des lieux impugnez de faux*, tant en la préface qu'aux livres de l'institution de la Sainte Eucharistie, par les docteurs Du Puy, Boulenger et les théologiens de Bourdeaux.

La Rochelle, Hiérosme Haultin, 1600, in fol.

2º *La sainte messe déclarée et défendue* contre les erreurs sacramentaires ramassez au livre de l'institution de l'Eucharistie de Du Plessis par le F. Louys Richeome, Bordeaux, Millanges, 1600, 2 vol. in-8. On a de Richeome (Louis). Le Panthéon hugenot découvert et ruiné contre l'auteur de l'Idolatrie-papistique, ministre de Vauvert, *ci-devant* d'Aygues Mortes. Lyon, Rigaud 1619. Réponse aux trois discours du J. L. Richeome sur le sujet des miracles des saints et des images par B. de Loque, Dauphinois, La Rochelle par H. Hautin 1600.

Est-ce qu'il y a eu erreur du copiste en citant Th. Portau, ou bien celui-ci a-t-il réédité, l'année suivante, à Saumur, l'ouvrage ci-dessus (nº 2). Brunet indique bien le *mystère de l'iniquité*, etc. imprimé en 1611 à Saumur par Portau, mais n'indique aucune édition de la Sainte-Messe imprimée par les Saintongeais.

L'ouvrage de Mornay « de l'Institution, usage et doctrine du Saint-Sacrement de l'Eucharistie. La Rochelle, Hiérosme Haultin 1698 », fut longuement discuté.

Les catholiques y découvrirent plus de 400 fausses citations ; ce fut le sujet de la fameuse conférence tenue à Fontainebleau le 4 Mai 1600, dans laquelle Du Plessis fut extrêmement malmené par Jacques Davy du Perron, alors évêque d'Evreux et depuis cardinal.

Dans la suite, Du Plessis fit des corrections à son livre et le fit paraître à Saumur chez Thomas Portau. 1604. fol.

Peu après, Frédéric de Wolwarth, Conseiller à Spire, publia un écrit où il défiait les Jésuites de montrer aucune falsification dans l'ouvrage de Du Plessis.

Le jésuite Bécanus Van der Beeck répondit. Voir de Backer, Becanus, 8. page 480.

On lit dans la *France protestante* par G. de Félice, page 286 : Mornay avait recueilli dans un traité sur l'Eucharistie cinq ou six mille textes des Pères qui lui paraissaient opposés à la doctrine de la transubstantiation... Duperron, évêque d'Evreux, disait qu'il avait découvert dans ce traité cinq cents faussetés énormes. » Une conférence eut lieu, il ne s'agissait que de méprises au lieu de faussetés. Mornay se défendit mal et sur quelques milliers de textes, les juges en condamnèrent neuf. Duplessis, le cœur brisé, retourna dans son gouvernement de Saumur.

*Opera Cæsaris Balengeri.* Lugduni 1621, 1 vol. in-folio, feuille 10 verso du catalogue.

Balenger, Jules César, né à Loudun en 1558...... décédé à Cahors en 1628 a publié :

1. *Réponses aux calomnies et faussetés* de Loys de la Blachière contre la messe..... Poitiers 1595.

2. *Réponse aux arguments cornus* de Michau l'aveugle, Poitiers 1595.

Dispute par écrit, en laquelle Lois de la Blachière maintient que la messe n'est point de l'institution de J. C., Niort 1595.

La réponse de Michau l'aveugle.....

3. *Examen des lieux* alleguez par le sieur Duplessis Mornay......

*De l'institution,* usage et doctrine du Saint-Sacrement, de l'Eucharistie en l'église ; comment, quand et par quels degrez la messe s'est introduite en sa place en quatre livres par Philippe de Mornay, sieur du Plessis-Marly, à La Rochelle. Hiérosme Haultin 1598, in 4°.

Réponse à l'examen du docteur Boulanger, par Philippe de Mornay, La Rochelle, H. Haultin 1599

4. *Responce catholique au livre* du sieur du Plessis...

Vérification des lieux impugnez de faux... voir ci-dessus note 67.

5. *De Circo Romano,* ludisque circensibus... voir pour la suite de Backer, page 947 et 948.

Le volume porté au catalogue doit être le 20, imprimé à Lyon en 1621 par Antoine Pillehotte... on y lit :... de *Oraculis, sortibus, auguriis et auspiciis ;* — de Ominibus et Prodigiis ; — de Terræ motu et fulminibus ; — de Magia licita et vetita.. ........ On a copié plusieurs pièces de ce Recueil dans les Trésors des Antiquités grecques et Romaines de Gronovius et de Grævius.

67. — **Démolition des derniers retranchemens de Babilon, à La Rochelle, par Corneille Hermans, 1620.**

Hertmans (si tel est le nom qui se trouve avant le millésime) était un imprimeur des Haultin à La Rochelle. Il avait épousé Marie, fille de Hiérosme Haultin — et c'est à lui que succéda Jean Pié-de-Dieu.

## 67. — Destruction de la tour de Babel par Guillaume Rivet, à Saumur par T. Portau; 1620.

Voir n. 43; p. Th. Portau n. 23, 65, 67.

Didot ne cite pas cet ouvrage. Brunet ne parle même pas de Guillaume Rivet et ne mentionne qu'André son frère. *La biographie de Feuilleret et Richemond* nous fait connaître les principaux ouvrages de Guillaume Rivet qui sont :

1° *Véritable narré d'une conférence* tenue à Romette en Saintonge le 20 janvier 1611.

2° *Apologie pour le véritable narré d'une* conférence tenue à Romette 1612 id. à S Vaize.

3° *Destruction de la tour de Babel* 1620.

4° *Libertatis ecclesiastica* defensio 1625.

5° *De la deffense des droits* de Dieu 1634.

6° *Vindiciæ evangelicæ de justificatione* 1648.

7° *De l'autorité des saintes écritures.*

8° *Epistolæ apologeticæ ad* criminationes M. Amyraldi de gratia universali 1648. — (En collaboration avec son frère André).

9° *Sur le chapitre XII de l'Epitre* aux Romains 1648. (Traduction d'un livre d'André Rivet.)

10° *Le banquet de la sapience* 1636.

Aymon, Dreux du Radier, MM. Beauchet, Filleau, Haag, V. Bujeaud, A. Lièvre ont consacré des notices à Guillaume Rivet.

## 67. — Antipanigarole ou réponse à la première partie des leçons de Fr. François Panigarolle milanois, à Niort par T. Portau 1597.

*Antipanigaro'e, / ou / responce à / la première partie / des leçons de F. François Panigarolle milannois / par George C. D. Pacard Seguzien. — 1597, pet in-8° de 325 pp, plus 2 ff n. chif.* pour trois pièces adressées à l'auteur par Thomas Hog, écossais, successeur de Pacard à l'église de la Rochefoucault et par François Mézière. Dédié à MM. les maires, eschevins, conseillers, pairs et bourgeois de la ville de La Rochelle, le 1er janvier 1597.

Imprimeur à Pons dès 1590, Thomas Portau quitta cette ville au milieu de 1594 et se rendit à Niort, où il résida jusqu'en juillet 1600.

A cette époque, il alla fonder une imprimerie à Saumur sous les auspices de Philippe de Mornay.

**67. — Les pseaumes de David mis en rimes françaises, par Clément Marot et Théodore de Beze, à La Rochelle par Pierre Prunier, 1611.**

Voir n. 66.

**67. — Traité de l'Eglise par P. de Mornay seigneur du Plessis à La Rochelle, par P. Haultin, 1581.**

Brunet, dans son supplément, p. 1123 mentionne ; *Traicté de l'Eglise*, auquel sont disputées les plus principales questions qui ont esté menées sur ce point en notre temps. A Londres 1578 in 8°. Réimprimé à Francofort (sic) Wechel, 1582 in 8° ; à Lausanne 1588 in-16 ; à Genève Jean le Preux 1599 in 8°.

L'édition ci-dessus de P. Haultin a donc été omise par Brunet.

**67. — L'Armageldon de la Babilon Apocalyptique à Bergerac par Jérome Marcan, 1612.**

Ce livre est mentionné par Brunet dans le tome II de son supplément p. 492 :

Il fut imprimé par Gilbert Vernay à Bergerac, voir à ce sujet : l'*Intermédiaire de l'Ouest*, 1re année 1892-93 p. 62, et dans le bulletin de la Société des archives historiques, l'article écrit sur ce sujet p. 180.

Brunet n'a donc pas fait erreur, il y a eu en 1612 une édition à Bergerac et, la même année, une à Jonzac sortie des presses de Hiérosme Marcan.

**68. — Vingt-six sermons sur le livre d'Esther par Pierre Merlin, à la Rochelle, par Jérome Haultin, 1591.**

Pierre Merlin était ministre de la parole de Dieu en l'Eglise de Laval (dit M. Audiat p. 26)... ??

Lire sur son fils Jacques (pasteur de l'église réformée de la Rochelle), l'intéressante notice que lui consacrent MM. Feuilleret et de Richemond *dans la biographie de la Charente-Inférieure.*

Pierre Merlin naquit vers 1535 et mourut le 27 juillet 1603. Après avoir été disciple de Théodore de Bèze il fut ministre du prince de Condé, d'après De Thou, et de l'amiral de Châtillon, selon d'Aubigné ; cette dernière opinion est la plus probable.

Au moment du massacre de la Saint-Barthelemy, il s'enfuit à
Genève, plus tard il rentra en France et devint ministre de la
maison du seigneur de Laval, à Vitré. On a de Merlin : *26 sermons
sur le livre* d'Esther, La Rochelle 1591 in-8º et Genève 1594 in-8º.
*Job commentariis illustratus*, Genève, 1599 in-8º ; *Saintes Prières
recueillies* de plusieurs passages de l'Ancien et du Nouveau
Testament, Genève 1609, in-18º ; *Discours théologiques de la
tranquillité et vrai repos de l'âme*, Genève in-8º.

## 68. — Scholastica et Methodica locorum communium S. theologiæ institutio Salmarii, ex typographia Thomœ Portœi, 1596.

Thomas Portau était à Niort en 1596 et H. Clouzot dans ses
*Notes sur l'Imprimerie à Niort* ne cite pas cet ouvrage.

Il n'y a pas trace de l'ouvrage ci-dessus dans Brunet — Quérard,
Barbier.

## 68. — Description de l'Antechrist et de son royaume à Niort, par René Troismailles, 1604.

*Description / de l'Antechrist et de / son royaume recueillie des /
Propheties qui sont en l'Escriture / Sainte, des escrits des Pères
et / de l'expérience suivant ce / qu'on en trouve par / les Histoires /
par Georges Pacard.* — Niort, René Troismailles 1604 in-8º. de
338 pp. plus 6 ff. lim. et 1 d'errata

Dédié à François de Bosne seigneur des Diguères (Desdiguières)
vicomte de Villemeur, lieutenant général du Dauphiné.

René Troismailles fut le successeur, à Niort, de Thomas Portau et
y travailla jusque vers 1610. Il avait pris pour marque des armes
parlantes : un R (René) et 3 mailles les plus petites monnaies du
temps, avec cette épigraphe énigmatique : *la maille sauve le denier*.

La bibliothèque de Saintes possède sous le nº 7194, Pacard
(Georges), Théologie naturelle, La Rochelle, Pierre Haultin 1559.

## 68. — Saintes prières par M. Jacques Merlin l'un des pasteurs de l'Eglise de la Rochelle, à la Rochelle par Jérome Haultin, 1615.

Voir Feuilleret et de Richemond. *Biographie de la Charente-
Inférieure*, article sur Jacques Merlin. Ce volume n'a pas pu être
imprimé par Jérôme Haultin, puisqu'il était mort le 16 novembre

1600, il doit donc sortir des presses des héritiers de Hiérosme Haultin.

### 68. — Catalogue des docteurs de l'Eglise de Dieu à la Rochelle, 1607.

Vraisemblablement sorti des presses des héritiers de Hiérosme Haultin.

### 70. — S'ensuivent les statuts de la confrairie de la sainte Trinité érigée par les catholiques de la ville de Saintes à Xaintes, 1587.

M. Audiat, *dans son Essai*, n'indique pas d'imprimeur à Saintes avant François Audebert (1598 1605). Le catalogue ne porte pas le mot manuscrit.

### 71. — Avis donnés aux confesseurs par Saint-Charles Borromée, à la Rochelle, 1674.

Voir n. 44.

————

Au mot La Rochelle (*Bibliothèque de la Compagnie de Jésus*) on lit : *Le procès des Dames débattu entre Ph. Vincent, ministre du Saint Evangile en l'église réformée de la Rochelle et aucuns des sieurs Jésuites de la mesme ville*. La Rochelle, Choppin 1646. (Le nom de cet imprimeur était à citer). Il existait en 1578 à La Rochelle un Antoine Choppin... Voir Brunet.

Compte-rendu par M. de l'Averdy, concernant le collège de la Rochelle, ci-devant occupé par les Jésuites. C'est la XVIII° partie du tome I des comptes-rendus au Parlement de Paris p. 481-482.

Lettres patentes qui confirment le collège de La Rochelle et l'union qui y a été faite du Prieuré de Dieulidon du 21 octobre 1763.

Les mots Saintonge, Saintes, Xainetes ne sont pas cités dans l'ouvrage d'Augustin de Backer.

————

## NOMS DES AUTEURS INSCRITS AU CATALOGUE

————

Tous les noms d'auteurs ayant appartenu à la Compagnie de Jésus (et ils sont nombreux) pourraient être vérifiés et donnés avec notes tirées des *Notices bibliographiques* par Augustin de Becker, 3 vol. in-fol. imprimés à Liège chez l'auteur 1872.

A consulter : *France protestante* de Haag ; *Bibliographie* par

Jean Téchener ; *Manuels* du libraire ; *Dictionnaires* ; *Liste chronologique* des libraires et imprimeurs de Paris par Lottin 1789 ; *Annales typographiques* de Mattaire; de Panzer; *Histoire de l'imprimerie* et de la librairie par Lacaille , *Repertorium bibliographicum* de Hain.....

Des détails bibliographiques et des notes sur les auteurs, sur les noms cités et sur leurs familles ne servent guère qu'aux savants qui n'en ont pas besoin, car ils savent toujours où les trouver ; il est vrai que ces détails et ces notes exigent souvent de longues recherches et permettent d'allonger le sujet ou plutôt *la littérature du sujet.*

C'est ainsi qu'il est facile à certains de prouver qu'ils ont sinon une grande érudition, du moins une longue patience pour chercher et copier des renseignements dans les livres de leur bibliothèque ou dans les livres des bibliothèques publiques.

L'ordre des noms cités (*tels quels dans le texte*) a été donné en suivant les feuilles du Catalogue, et sans répétition, autant que possible, avec le numéro de la feuille. J veut dire appartient à la Compagnie de Jésus ; ? veut dire douteux.

# A

6. Alvarez Balthasar J. [1]
6. Aquaviva Claude J.
11. Amiot.
12. Aurelius Victor Sextus.
13. Apollinaris Sidonel.
13. Alexandro Scol.
14. Abrahami Artelli.
17. Amiot Jacques.
18. Amant (S' de Saint).
18. Augustin (Saint).
18. Alvares Emmanuel J.
19. Aurelii.
19. Ausoni Decli [2]
19. Æliani.
20. Ambriani Silvii fr.
21. Agricola Rod.
22. Aulugelle.
22. Adrien.
22. Aristote.
24. Allatii Leo.
24. Annato Francisco J.

24. Adam Jean J.
25. Aubert J.
27. Arnault M.
30. Arnoux F. chanoine.
31. Acosta Joseph J.
31. Audebert Etienne J. [1]
32. Alvarez J. J.
32. Aquin (P. d').
32. Arnaya (Nicolas de) J.
32. Abelly Louis, évêque de Rodez.
33. Argentan (d') capucin.
34. Arnaud Jean (Messire).
34. Alcentara (Pierre d') francis.
34. Arias François J.
35. Albi Henri J.
35. Arvisel Eti.
36. Alvarez de Paz Jacques J.
37. Aggnant Michaeles.
37. Aquinatis Thomœ.
38. Allati Guilelmi.
41. Azor Jean J.
42. Avila Etienne (de) J.
43. Anglès J. V.
43. Alagona P. J.

---

[1] B. Alvarez vita, sans nom d'auteur.
[2] Burdigalensis viri Consularis opuscula 1518.

[1] Missions à La Rochelle et à l'Ile de Ré.

43. Amandi polani.
44. Augustini Aurelii.
45. Ambroise (Saint).
45. Athanase (Saint).
47. Aviti, archiepiscopi.
50. Abatrio.
51. Amelburno J. L. Claudio.
51. Aurelli Roberti juriscon.
54. Augenli.
54. Argenterii Joan.
54. Agrippa Corn.
61. Amelotte Deny, oratorien.
70. Aphtonii.

# B

1. Baronius Cœsar.
4. Bellarmin Robert J.
6. Balester Ludovic.
7. Boreti Senatoris.
7. Borgia (R. P. fr. de).
10. Bulenger Cœsar [1]
11. Bécare Charles.
11. Bodin Jean.
13. Brisson Barnabé.
15. Balzac (de).
15. Billy Jacques J.
15. Balthazar (le comte).
10. Beneto, Benete Jérôme J.
20. Brebeuf.
22. Brillon (de).
23. Barraud (Jean Joubert de).
23. Brués (Guy de).
24. Borreau Jacques J.
24. Becamus Martin J.
24. Bossuet.
28. Binet Etienne J.
23. Bugt (de franciscain)
20. Bonaventure (Saint).
20. Bari (R. P. Dom Marcello F. de).
20. Biroat Jacques
30. Besse (Pierre de), limosin.
31. Blanchet (Pierre), minime.
31. Bosquero (Boskhiero Ph. fran
31. Boutron (de Saint Germier).
32. Blausii Ludovici.
32. Bourgoin.
32. Baiole André J. [2]
33. Bruno Vincent J.
33. Bernardino Th. J.
34. Belly.
34. Boquiers Philippe.
34. Bellefores.

36. Banadas Sébastien J.
36. Balinghem (Ant. de) J.
36. Borbensis Fernandii.
37. Bonnet Jean J. [1]
38. Bèze Théodore.
40. Boverio Zach.
41. Bulloco.
41. Bonacina Martini.
41. Bugis (de) J.
42. Benedictis Jean J.
42. Buil Lud.
43. Bauny J.
43. Browershavio (R. P. Mathias..)
43. Beures (Jacques de Sainte).
44. Bertaule, prêtre.
44. Bervelet.
44. Boniface.
45. Bedœ.
45. Bigne (Marg. de la).
45. Bingii (Severini).
45. Basile (Saint arch. Capidoce).
46. Bernard (Saint).
47. Bissy (de), évêque de Meaux.
48. Brianne, curé à Rodez
49. Benoît XIII (le pape).
50. Barnabé, conseiller.
51. Brison Barnabé.
51. Bruy (S. Marion... avocat).
52. Béchet Cosme.
54. Bachet.
55. Boileau Despréaux.
55. Balde Jacob.
56. Bellau.
57. Benserade.
59. Bodin Jean.
59. Bayle Louis.
59. Baussy J.
59. Bertrand Paul.
59. Balzac (de).
60. Bertout B.
60. Bouhours Dominique J.
60. Bernières (de).
62. Bernard (Saint).
64. Blanchière Louis.

# C

2. Claude de Sainctes fr. [1]
2. Carol. de Malines J.

---

[1] Fut recteur du Collège de Saintes.
[2] Il existe une édition de « Saccagement des églises catholiques » dédiée à Monseigneur l'illustrissime cardinal de Lorraine par Claude de Sainctes, théologien à Paris, imprimée à Verdun en 1562 par Nicolas Bacquenois.

---

[1] Était de Loudun en Poitou.
[2] Le R. P. André Baiole mourut à Saintes en 1660.

2. Cornelli R. P. J.
3. Cellotlo Petro. Lud.
3. Coppin Pierre.
4. Caussin Nicolas J. [1]
6. Corneille Pierre.
7. Caraffa Vincent J.
8. Coton Pierre J.
9. Coeli Antonii, Bazilicæ.
9. Carionis Joannis.
10. Colbert à la Haye.
10. Coiffeteau.
10. Cornel, Tacite.
10 César Jules.
10. Cornelius Nepos.
10. Cicéron.
10. Cassiodore.
11. Coulin Louis J.
11. Cassani J.
13. Casaubani.
13. Chabru (Mathieu de).
13. Charpentier.
13. Calpini Ambrosii.
14. Clenardi Nicolai.
16. Camus (André le) J.
16. Crysogoni Adriani.
18. Cuellini.
19. Clunerly.
20. Claver Philippe J.
20. Comenil J. A.
21. Catron J.
21. Crysostome Denis.
21. Caton.
21. Crésolius Louis J.
23. Cyran (abbé de Saint).
25. Champells Léonard J.
25. Carnoly aboys J.
26. Coster François J.
26. Cœlly Caelantio L.
26. Critier M.
28. Colombière (Claude de la) J.
28. Corthez Claude, dominicain.
30. Coste (Pierre de la).
30. Cristi Jean.
30. Capprius Gabriel.
30. Chysostome (Saint-Jean).
31. Camus, évêque.
31. Coret Jacques J.
32. Canisius Pierre J.
32. Chanut Antoine J.
32. Cordier Jean J.
33. Calandé Ant.
33. Crespe Pierre
33. Chapuis Gabriel.
34. Cheron Jean.

24. Cœffeton, évêque.
34. Candela Jean Dom. J.
36 Corneli J.
37. Cyprien (Saint).
38. Castro Christoph.
38. Cocquelin M.
38. Calistum D.
38. Calderini Cæsar.
39. Crammer Thomas.
40. Colomes J.
40. Cériziérs (de) J.
40. Catanzaro Albert J.
41. Crisolius Louis J.
42. Cassio.
43. Calvin Jean.
43. Cochois Nicolas.
43. Cappon Séraphin.
44. Cyrille (Saint).
46. Clément d'Alexandrie.
46. Croiquelli Andrea.
47. Carranzom Balthazar.
48 Cambrai (Mgr l'archevêque de).
48. Chalons (Mgr l'évêque de).
49. Codures Phil.
50. Charseneus Berth.
50. Chopin René.
51. Constan. J.
51. Charondes le Caron.
52. Camus J. P. (archevêque).
53. Clavius Christophe. J. [1]
55. Catulle.
55. Claudianus.
56. Chevalier Jean J.
57. Chevalier Jean J. [1]
59. Charron Pierre.
64. Claude Jean.
66. Charron (M. P le).
70. Clenard Nicolas J.

### D

9. Duplaix.
10. Désère.
10 Diodore de Sicile.
10 Démosthène.
10. Denys d'Halicarnasse.
14 Despautère.
15. Delburni Petri J.

---

1 Clavius Christ. appelé l'Euclide de son siècle 1538-1612, fit partie de la Commission du calendrier nommé par le pe Grégoire XIII.
2 L'un de ses ouvrages est intitulé : Hervico Panegyris ad Ludovi um XIII R. C. CAPTA RUPELLA Flexie apud G. Laboë 1629.

1 Caussin Nicolas 1585-1651.

19. Deferius.
19. Demay Jacques.
21. D'Ossac (le cardinal).
23. Duperron (le cardinal).
24. Duplessis.
24. Dailly J.
25. Dauphin Jean.
25. Dieppe Raphaël.
25. Despence Claude (d')
20. Dupuy,
27. Delafond René.
28. Diez Philippe.
32. Dupont L. F. J.
32. Dussault (du Sault) Nicolas [1]
33. Delpro Martino.
34. Dulimou.
34. D'Outremer Philippe. J.
34. Durnaga R. P. N.
35. Dupréau Gabriel.
35. Due Paul J.
35. Drelincourt Charles.
36. Didaci Stellœ.
37. Dares (Dom Jacob).
38. Delrio Martin.
30. Dargentan L. fr.
40. Desportes Philippe.
41. Duarte Antoine J.
41. Driedo.
41. Denis (Saint, l'aréopage).
42. Drexelii Hieremiœ J.
42. Dillaire (sr de Jonzac, Jacques)
42. Dumets Jacob.
43. Dumoulin Pierre.
45. Damien (Pierre).
45. Epiphanii (S. Patri).
50. Ducaste.
52. Duhamel Jacques.
53. Dupinet.
53. Donat Alexandre J.
53. Dinet J.
55. Davias Balthazar.
58. Disdal Jean J.
58. Dandilly Arnaud.
58. Daillé Jean.
59. Delogia.
61. Dyke Daniel.
61. D'Aulnoy.
61. Desault Pierre.
63. Duvergier de Hauranne.
64. Delalitte Jean.
67. Dallœi Joannis.
68. Dupont Louis Fr. J.
69. Démocrite.

# E

9. Eusèbe Pamphile.
13. Erasme.
14. Elian J.
27. Echius Joannes.
28. Eusodonus.
29. Erard. Erhardt Jean J.
35. Enault, oratorien.
36. Esio Guillelmo.
37. Emmanuel J.
40. Estrées (le maréchal d').
54. Euclide.
55. Epithète.
56. Eutrope historien à Cologne.
56. Euphomionis.
60. Erasme.
60. Euripide.
60. Esope.

# F

3. Flavien Joseph.
14. Freugero Joanne.
14. Fryzon Léonard J.
20. Fontaines Aloïs J.
24. Ferrier Jérémie.
25. Foy (Thimotée de Ste).
25. Ferrier J.
28. Fonsèque Christophe J. [1]
29. Feo Antonio, dominicain.
34. Farnier.
41. Filliucius J.
43. Fite (Jean de la).
45. Ferrari J.
47. François (Jean de St., feuillant)
54. Fernelius.
54. Frey J.
54. Fouquet (Madame).
57. Fioretti.
62. Féron (M. le).

# G

2. Gordok Jacob J. Gordoro.
3. Genebrardi Gilberti.
3. Grenade (Louis de).
7. Gonzalez P.
11. Gouland Simon.
11. Girard (Bernard de).
11. Guidaiche (Giosefo).
13. Gaudin Jean J. [1]
15. Gresset J.
17. Gomez (Madame de).

---

1 Né à Saintes, devint Recteur du
Collège de Saintes.

1 Fonséca Pierre 1518-1599 enseigna
à l'université de Coïmbre.
2 L'auteur de la grammaire.

17. Godeau.
18. Gilbert.
19 Giraudeau Bonaventure J. [1]
20. Garasse F. J.
25. Gontery J.
26. Gontier (le P.) Gauthier J.
26. Granatensi Lud. R. P. fr.
29 Granalem, dominicain.
29. Grodzicki Stanislas. J.
30. Gabriel (Dom).
32. Grenarde (de) dominicain. —
32 Giliberto Vincenzis.
35. Gautier Antoine J.
37. Gallia (auteurs de la).
38. Gennaro J.
38. Guillebert.
38. Gomesio Sébastiano ?
30. Gaultruche J.
40. Garaffus J.
41. Gregorii de Valentia ?
44. Gutaltero Rodolpho.
44. Grégoire (de Nazlance, Saint).
46. Galimard J.
49. Guenois Pierre.
50. Gregorio Petro.
50. Gotofredo.
51. Grachii Nicolaii.
55. Grassi Nicolas ?
59. Gascher Raymond.
00. Gastineau.
61. Gomez (Madame de).
66 Gormandière (Bède de la).
·68. Gaultier René.
68. Gilbert, ministre

**H**

10. Homère.
10. Horace
10. Hésiode.
23. Haberto.
23. Haraucourt J.
33. Hugues Jean ?
34. Hinaroeo Claudio ?
35. Hermès (Mercure Trimegiste).
40. Hemmingium Nicolaum.
41. Henriquez Henri J.
45. Hach fr. J.
46. Hilaire (Saint, de Poitiers).
51. Helvétius.
60. Harlay (François de).
61. Huré Charles.

**I**

22. Isocrate.
27. Igrille.

46. Irénée (Saint).
51. Imbert Jean.
60. Irénée Philadelphe.

**J**

10. Jarric. Jarrige J.
20. Joubert J.
23. Jansénius.
33. Jure J. B.
33. Jacquinot Barthélemy J.
34. Jacquinot Jean J.
34. Jemal P.
37. Jérome (Saint).
42. Joseph (Pierre de Saint).
44. Justinien.
44. Justin (Saint).
47. Julian Guillaume ?
52. Julian J.
54. Josset J.
55. Juvénal.
56. Jonin J.
64. Jouvency J.
64. Jannon Jean ?

**K**

31. Kearney Barnabé J.
43 Klingii Conradi.

**L**

2. Laurinus Joannus J. Lorinus.
3. Lessius Léonard J.
3. Lafiteau François J.
4. Laertio Cher.
4. Lefèvre Pierre J.
4. Laynez Jacques J.
8. Léonardelli J.
10. Lucrèce.
11. Lejeune (le père Paul)... ?
16. Labbe Philippe J. [1]
17. Lemoine ? Le P. Moine J.
18 Lucien — 18. Laërce.
18. Loywives Jean ?
20. Lebrun Laurent J.
21. Libani Sophista.
21. Lang Joseph J.
22. Lambino Dionyssio J.
24. Langues ? Languet.
26. Leys J.
28. Lingendes (Claude de) J.
28. Lanuze (de) J.
28. Labat François J.
30. Lambert de l'ordre de Cluny.
31. Legault (Ignace).

---

[1] Est venu à Marennes et à Saintes 1739.

[1] De Bourges, 1607-1667, nombreux travaux d'histoire et de géographie.

32. Layneufve Julien.
32. Lorgée ?
33. Laval J.
36. Lorin Jean J.
30. Laplacette Jean ?
40. Lefaucheux.
41. Laymal Paul J.
41. Lugo Jean (de) J.
41. Lancicius J.
42. Lombard J.
42. Ledesma J.
42. Lopez Louis J.
44. Luther.
47. Lavardain Jean, abbé.
48. Lactance.
49. Lafiteau, évêque de Sisteron.
49. Langues J. Joseph ar. de Sens.
50. Lange, avocat.
51. Lebrun Claude jurisconsulte.
55. Lafontaine.
56. Laporte J.
64. Lacroix (Antoine de) ?

# M

2. Martinon Jean ?
2. Molinœo, carol.
4. Montreuil (Bernardin de).
4. Machiavel.
4 Maupeou.
4. Martel G. J.
11. Moreau J.
11. Mozzi J.
12. Mouette.
12. Mont J.
14. Manucii Pauli.
15. Marion Pierre J.
16. Martini Morentini. [1]
16. Maucroix (de).
17. Montignac (de).
18. Monet Philibert, J.
18. Macrobe.
18. Martial.
20. Musart J.
22. Miguel J.
22. Mureti Marci Antonii.
22. Malherbe.
23. Moraines Antoine.
23. de Marande.
24. Moquet J. Moquot.
28. Marchant J.
28. Mollinier (Etienne de).
29. Murillo Diego ?
29. Morel Paul.
29. Musso Corneille.

29. Machado J.
30. Mantusii Joan J.
31. Maurito franciscano R. P.
31. Maillard J.
31. Martin (Ant. de St) J.
33. Molina Ant. Chartreux.
34. Malleli Thoma.
34. Musso Carolo.
35. Marolles J. (devenu abbé).
35. Musart J.
36. Menochio Steph. J.
37. Mendoza F. J.
37. Magaliani Corma J.
37. Mariana Jean J.
38. Maucorps.
39. Marnise (Pierre de).
41. Molina Louis J.
41. Martini ?
41. Mœrati Tricensis Ludovici J.
42. Mourin (F. de) J.
42. de Molins Antoine ?
42. Moure (Ant. Ferm. de) ?
43 Misaubin Jean.
43. Millard Pierre.
47. Marsili J.
47. Molin Ant. J.
49. Mongin, Edme, évêque.
50. Molin Charles, jurisconsulte.
51. Montholon (Jacques de) avocat.
51. Martilière, avocat.
52. Malvin Jean.
54. Mure Antoine.
55. Martial.
55. Molière.
55. Ménardière (de la).
55. Maphai, cardinalis.
56. Marcellus Michael.
56. Manutii ?
58. Marot Clément.
58. Mornay Philippe.
59. Malherbe.
59. Maynard.
59. Melantonis Philippi ?
59. Moquet Etienne J. [1]
61. Martignac (M. de) J.
61. Montaltii Ludovici.
64. Maie, curé.
63 Martianoy Jean.
64. Merlat Elie.
67. Marinel E.
67. Mura J.
68. Merlin Pierre.
70. Mendez Alphonse.

---

[1] Martini Morenti Navarri grammatica Rupellœ, 1592.

[1] Moquet Etienne, 1574-1628, a publié à Poitiers un grand nombre d'ouvrages.

## N

1. Nicesore.
3. Nicophore Collisti.
6. Noblet (le)
20 Norbert ?
39 Noailles (cardinal de).
42 Napier Jean ?
47. Novisanis (J. de).
54. Nieremberg J.
62. Nicole.

## O

10. Orbandino Nicolas.
14. Olivier de Serres.
28. Oliva Jean Paul J.
28. Ogier François.
28. Oudeau Joseph J.
28. Osorius Jean J.
29. Ovide.

## P

3. Philippo aquinata.
3 Philon.
10. Possevino ant. J.
10. Pline.
10 Plutarque.
10 Platon.
10 Phèdre.
11. Politiani.
12 Pontis (de).
14. Pontani Jacobi J.
14. Poncy J.
14 Possen Jean.
15 Pelletin Jacques.
17. Pomey J.
18 Pibrac.
19. Perrault.
19. Porée Charles J.
22. Perpinan Valence J.
26. Poullichat, récollet.
26. Pineau Pierre
28. Pinto Jacobo. J.
28. Panigarole.
31. Prothevin Jean de Poitiers.
32. Poiré f. J.
35 Priessac (Mgr de).
36. Paganino Lucensi.
37. Ponte (Louis de) ?
37. Pina (Jean de) J.
38. Palacis (Paul de)
38. Paez (fr. Blath). ?
41. Possevino Antoin J.
42. Peraldi Guillelmi ?
45. Petavius Dyonisius J.
46 Potau Pierre.
50. Papon Jean.
50. Patru de l'Académie.

51. Paradinum Guliol.
54. Pidoux François.
54 Parevius Benoit J.
54 Plaute.
55. Perce.
56. Pindare.
56. Pasqual J.
57. Plantoni Jacobi ?
59. Petau J.
62 Pichon Jean J.
64. Piclet.
66. Pasquier Etienne.
70. Polances Jean J.
71. Poisson ?

## Q

16. Quintilien.
37. Quirini Fernandi.
46 Quarantana ?

## R

3. Rodriguez Alphonse J.
4. Raymond (du) Florimond.
5. Richelieu (duc de).
6. Rodes (Alexandre de) ?
9. Régis Jean-François) J.
11. Ravisii Joannis.
13. Rodigini Ludovici.
16. Rome J.
17. Rousseau Mr.
19. Rohan (cardinal de).
22. Remond François J.
24. Ricardi Antoine.
24. Richeome Louis J.
25 Rigourd Alexandre.
26. Rehoul ?
28. Raulin Jean.
28. Reine Thomas ?
28. Rezza (de) ?
32. Reyroles (R. P. de) ?
33. Richer Denis ?
33. Rosignolo Bernandin J.
38. Ribera François J
40 Ribademeyra Pierre J.
41. Raymond Th J.
41. Rey ?
42. Ruperti (dom)
43. Recupita J. C. J.
43. Reiss J.
43. Rodriguez Emmanuel J.
46 Rader Mathieu J.
47. Ricci Barthelemi J.
51. Roquespine (les abbés de).
53 Roderii (de) P. ?
55. Roze Jean J. [1]

1 A enseigné à Saintes.

41 Vigner Jean J.
42 Vasquez Gabriel ?
42. Vandramano Petro ?
42. Vogolini ?
43. Voisin J.
51. Vigneo Jacobo ? Vignes.
59. Verin Francois J.
60. Vives Valentin J. L.
63. Verthamont (de) J. ?
64. Villedieu (marquis de la).
66. Verneuilh Jean.
69. Valle Laurent ?

W

20. Welsch, ministre de Jarnac [1].

38. Wosthemero Barth. ?
45. Wion Marci ?
61. Wondrockio Willelmo.

X

5. Xavier (Saint François) J.
25. Ximénès (cardinal)
32. Xénophon.

Z

46. Zonaræ Joannis ?
46. Zypœo Franc.
51. Zasii Udabrici jurisc.
53. Zabarella.

A cette liste d'auteurs, j'aurais voulu ajouter les noms des imprimeurs avec lieux et dates, seconde liste que j'ai toute prête et qui reste à vérifier.

Je me suis aperçu que le travail était déjà fait, au moins en grande partie. Il n'y a qu'à consulter *pour les Jésuites* les noms d'auteurs dans la *Bibliothèque des écrivains* de la Compagnie de Jésus, *pour ceux de la religion réformée* dans la *France protestante* de Haag, *pour les autres* dans les *Manuels de librairie;* on y trouve les titres de tous les ouvrages publiés avec noms d'imprimeurs.

Cette liste a exigé l'écriture de beaucoup de noms, de longues et pénibles vérifications et par suite a entraîné beaucoup de répétitions, de transpositions, d'omissions et d'erreurs.

Il restera toujours à corriger et cela sera la satisfaction de certains.

---

1 Le catalogue porte réponse à Welsch, ministre de Jarnac par le P. Pérardi, jésuite à Bordeaux 1616. M. A. Claudin dans l'article « LE PREMIER IMPRIMEUR DE JONZAC » publié dans l'INTERMÉDIAIRE DE L'OUEST p. 62 cite un ouvrage de Welsch, ministre de la parole de Dieu en l'église de Jonzac : l'ARMAGEDDON (de la Babylon) apocalyptique.

**ERRATA.** — Page 349. — 17. Le P. Gaudin a publié d'autres ouvrages : de **Dei præsentia** catalogue f. 35 ; — page 352, lire 27 au lieu de 26 ; — page 355, ligne 12, lire 1630 ; — page 363, ligne 5 lire 1608 ; — page 364, ajouter **59**. Le trésor de l'Evangile par **Paul Bertrand, ministre du St-Evangile à Saumur 1659** ; — page 371, ligne 33 supprimer (en ses) et la virgule après Duplessis ; — page 379, note 2. — **De la vie intérieure** par A. Baiole f. 32 du catalogue ; — page 381, note 1, **Traité de la confiance en Dieu** par le P. N. Dussault f. 34 **Institutions spirituelles** f. 34. **Caractère du vice et de la vertu** f. 35 du catalogue.

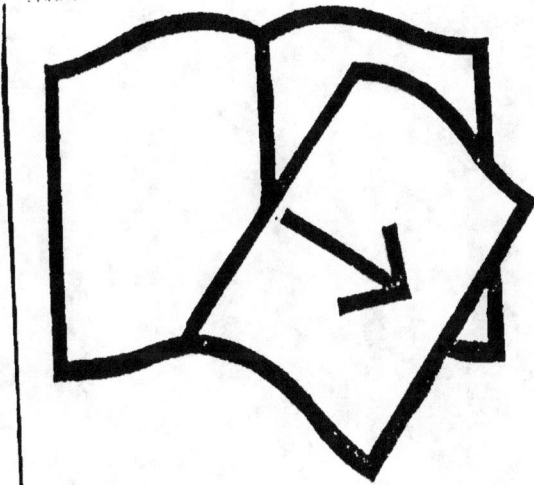

Documents manquants (pages, cahiers...)
NF Z 43-120-13

www.ingramcontent.com/pod-product-compliance
Lightning Source LLC
LaVergne TN
LVHW022032080426
835513LV00009B/1003